『マンガでわかる！障害年金』（2019年3月20日発行）・第1版第1刷）
お詫びと訂正

本書9頁に誤りがございました。お詫びして下記のように訂正いたします。

（誤）障害基礎年金
（正）障害厚生年金

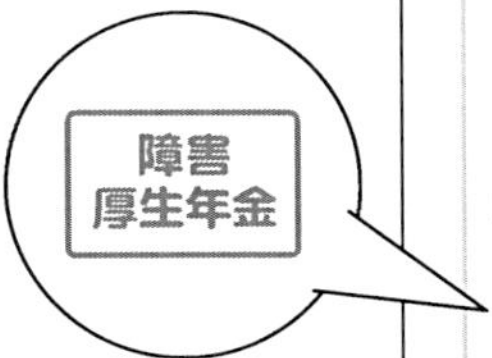

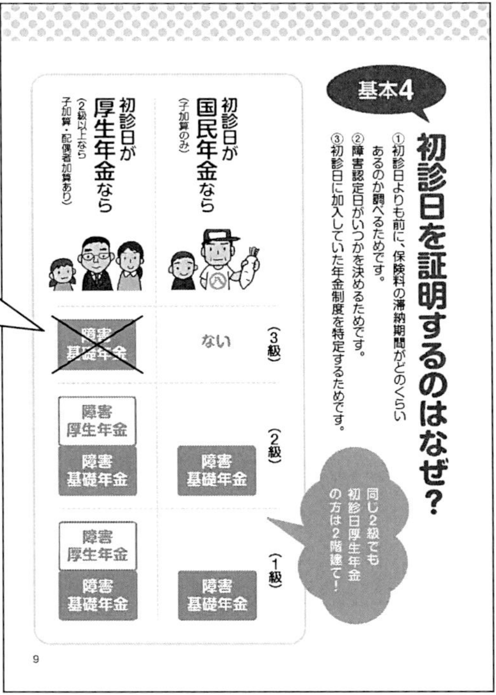

株式会社 日本評論社

マンガでわかる！
障害年金

構成・マンガ：青柳ちか
監修・コラム：中川洋子
白石美佐子
（社会保険労務士）

日本評論社

はじめに

もしも、あなたや
あなたの大切な人が

突然の病気や事故で
働けなくなってしまったら？

これからの生活に
不安を感じたり

自分を責めて
しまうことも
あるかもしれません

ちょっと待って！
ケガや病気はあなたのせいではないし
人生の中でアクシデントは誰にでも起こり得ることなんですよ

あなたは「障害年金」を知っていますか？

障害年金は
そんな時
あなたの味方に
なってくれる国の
年金制度の1つです
原則20歳〜65歳で
一定の条件を
満たした人には
受給する権利があります
えっ⁉
20歳でも⁉
障害者手帳を
持っていなく
ても⁉

人生の中で突然の
病気やケガに遭ったとしても
誰だって自分らしく生きていく
権利があります

その支えとなる
「障害年金」の可能性を
一緒に考えてみませんか?

まずはココを押さえておこう！

障害年金 キホンの㋖

基本1

障害年金とは？

障害年金は国から支給される年金です。病気や障害で日常生活に支障がある方が受けられます。

お年寄りが受け取る「老齢年金」の仲間です！

3つの公的年金が人生の3大リスクに対応しています。

【国から支給される年金は3種類】

老齢年金

お年寄りになった時

遺族年金

大黒柱がなくなった時

障害年金

病気や障害で
日常生活に支障がある時

基本2

どんな人が受けられる?

障害年金を受けるための条件は3つ!
全部をクリアしたら受けられます。

①初診日要件

初診日に年金制度に加入していて、その日を証明できる(初診日に加入していた年金制度から支給されます)。

②保険料納付要件

一定以上滞納していないこと(保険料納付や免除猶予申請などやるべきことをやっていれば大丈夫です)。

③障害要件

障害の程度が一定以上であること(提出した書類だけで、障害認定基準の等級にあてはまるかを確認されます)。

基本3

障害の状態の目安は?

3級

仕事が全く出来ないわけではないが、制限がある。

2級

家族が時々援助してくれる。日常生活に著しい障害を受けている。

1級

家族の介助が必要。ベッドの上や寝室内で過ごすことが多い。

基本4

初診日を証明するのはなぜ?

①初診日よりも前に、保険料の滞納期間がどのくらいあるのか調べるためです。
②障害認定日がいつかを決めるためです。
③初診日に加入していた年金制度を特定するためです。

同じ2級でも初診日厚生年金の方は2階建て!

	初診日が国民年金なら（子加算のみ）	初診日が厚生年金なら（2級以上なら子加算・配偶者加算あり）
（3級）	ない	障害基礎年金
（2級）	障害基礎年金	障害厚生年金 障害基礎年金
（1級）	障害基礎年金	障害厚生年金 障害基礎年金

基本5

「障害認定日」って何？

原則は、初診日から1年6ヶ月経過した日です。障害認定日まで、年金の請求はできません。

症状固定って？
人工肛門、人工膀胱、人工関節、ペースメーカーを入れた日など……

- 請求手続きができるのは、20歳の誕生日以降です。初診日から1年半を経過してもまだ20歳にならない場合には、20歳まで待たなければなりません。
- 20歳前障害の方は所得額によって支給停止することがあります。

1. 初診日が20歳後の方

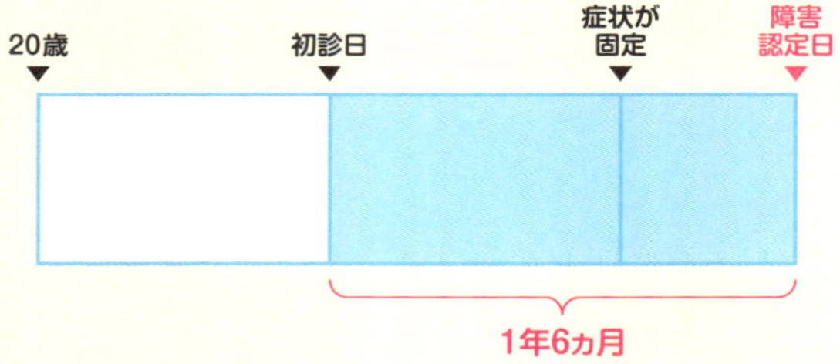

※1年6ヶ月以前に症状が固定した（治療の効果がこれ以上期待できない）場合、その日が障害認定日となります。

2. 初診日が20歳前の方

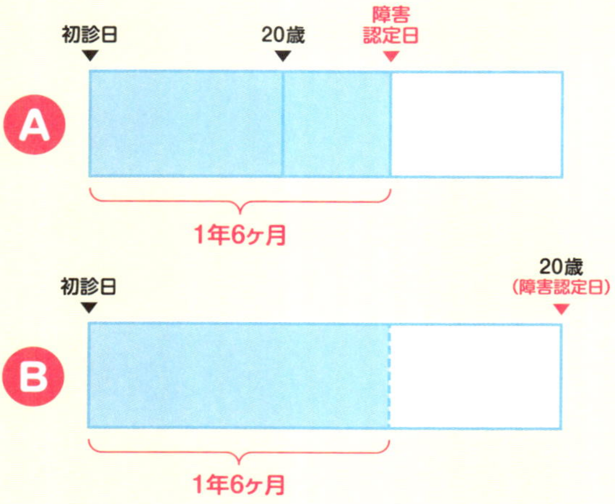

基本6

請求方法は？

1. 障害認定日請求

●本来請求

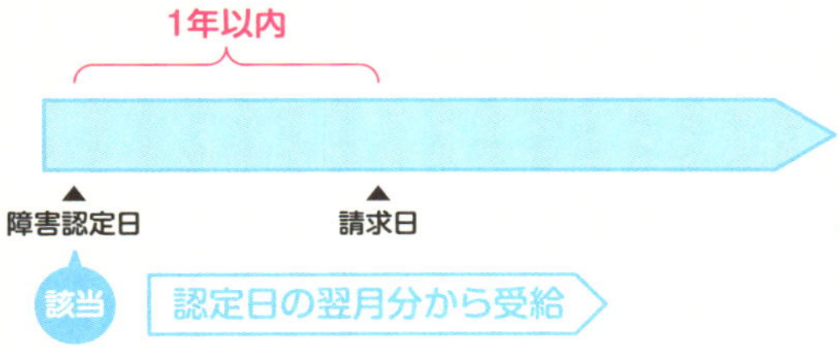

障害認定日の診断書1枚が必要です。

●遡及請求

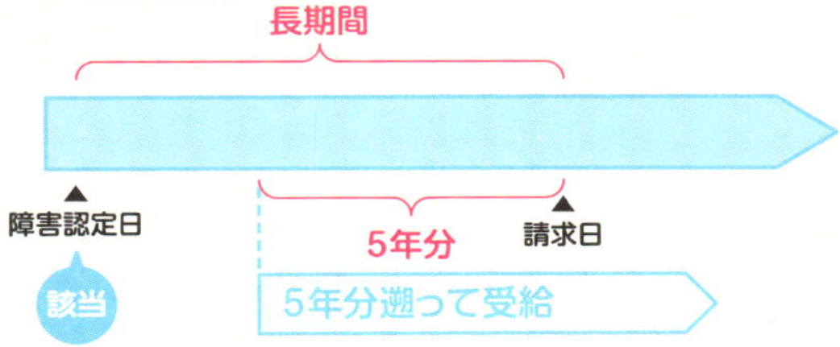

障害認定日と現在の2枚の診断書が必要です。

2. 事後重症請求

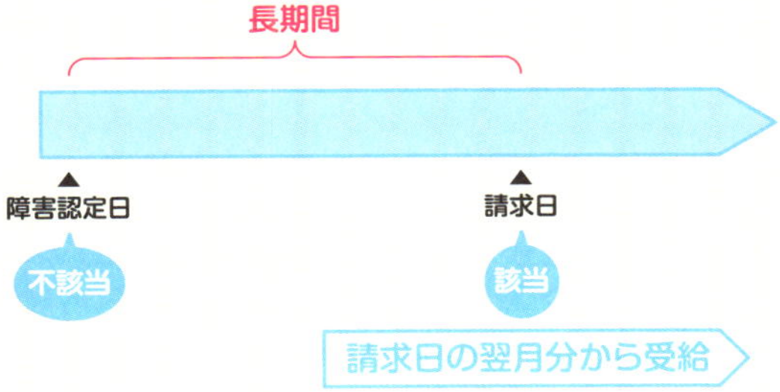

現在の診断書が必要です。

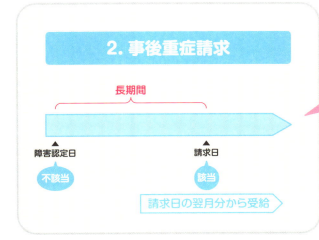

基本7

大事な書類は3つ！

受診状況等証明書

初診日を証明する書類です。現在の病気・障害に関係する最初の病院に書いてもらいます。診断名が確定した病院ではありませんので、ご注意を!

病歴就労状況等申立書

表面は発病から現在までの通院歴や状況を記入します。裏面は就労の状況や生活の支障を書きます。自分が書ける唯一の書類です。感情的・やたらに長い・読めない文字の文章は書いても効果はありません。

診断書

主治医に書いてもらう書類で、等級に大きく影響するものです。ドクターは、診察室での状況しかわかりませんので、自宅での状況を簡潔に伝えることが大切です。

基本8
手続きの流れは？

初診日を確認 — ●初診日を確認

↓

初診日における年金保険料納付要件を確認

必要書類を受けとる

●年金事務所または役所の年金課

↓

受診状況等証明書を取得 — 初診の病院

診断書を取得 — 現在の病院と障害認定日の病院

病歴・就労状況等申立書 — 本人・家族

事後重症請求では現在の病院のみです。

↓

年金請求書と共に提出 — ●年金事務所または役所の年金課

↓

審査

↓ **等級決定**

↓ **不支給**

要件を満たしているのに不支給になった時は、不服申し立て（審査請求）ができます。

受給資格はある？ ない？ 確認してみよう！

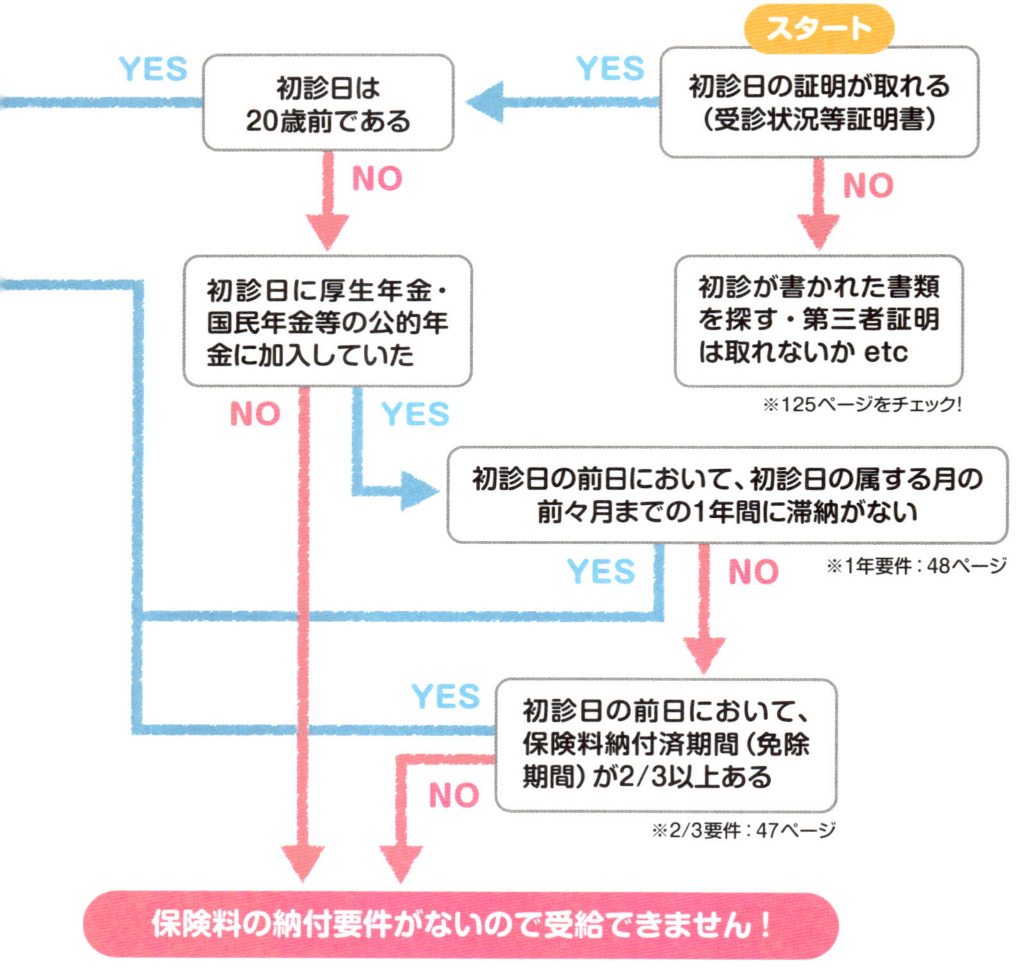

- 初診日は請求する傷病と因果関係のある最初の日となるので、もう１度確認してみましょう。
- 社会的治癒に該当？→一定期間（5年くらい）治療が不要で社会復帰している場合は“再発”とされ、過去の傷病とは別と扱われることがあります。
- 因果関係のある初診日が２０歳の誕生日前までにあれば、納付要件は不要です。

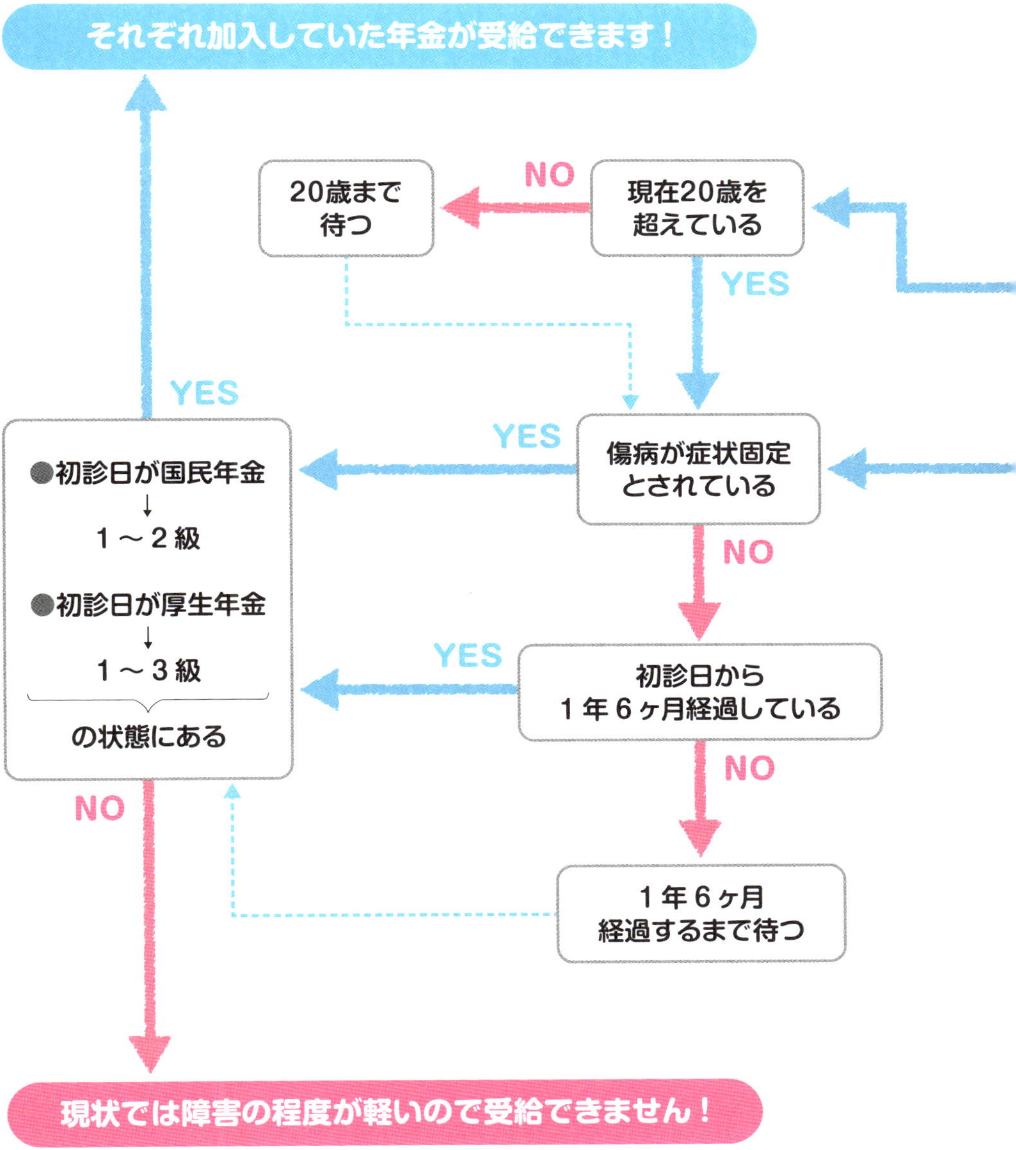

- 悪化した場合、65歳になる前に事後重症請求を検討する。
- (65歳以前に) 後発の障害と併せて1～2級になれば請求可。
- (厚生年金加入者は) 加入中の初診日から5年以内に症状固定していれば障害手当金を請求できる。

※本書の内容は2019年2月現在の法令等に基づいて記載されています。法改正等がある場合、内容が変わることもありますので、ご了承ください。また、障害年金制度はあくまでも個別審査が基本であり、本書の事例と異なる結果になることもあります。

Part 1

発病から受給決定まで

1. まさか私がうつ病なんて!?

そして
初任給の日
きょうこさんは
業務成績が
トップでした！
社長賞が出ています！
おー
初めて努力が
認められた…
私…
この会社のために
がんばろう！
パチ
パチ
パチ
数ヶ月後——
新規事業の
立ち上げで職場が
忙しくなりました
きょうこさん
これ、お願い！
ハイ！
ごめん…
きょうこちゃん
今日残れないのよ
あと頼める？
任せて
下さい！
残業が増え
帰宅が遅くなって
いきましたが——
ひゃ～
11時！
よく働いた
なぁ！
やりがいがあると
思っていました…

一方でたび重なる長時間労働により職場は全体的にギスギスしていき
今日も残業…やんなっちゃうねー
きょうこさんがなんでも引き受けて仕事増やすから！
そーそー
あの子くそまじめでホント空気読めないよね！
私…そんなふうに思われてたの…？
一生懸命にやっていただけなのに…
ショックでした
あっ…しーっ
……
きょうこさんは職場で孤立しがちに…
はぁ…
きょうこちゃんってば！どうしたの？最近ぼんやりしてるね
あ！先輩すみません…
なんだかこの頃よく眠れてなくて…

それはつらいね
心療内科でも行ってみたら？
心療内科？
そんな！精神科なんて私そこまで…
私も不眠でかかってるのよ
眠ることってすごく大事なんだから！
「心療内科」にかかるほどじゃないと思っていたものの――
信頼する先輩のススメなので行ってみることにしました
過労とストレスだね
このままの生活続けてたら倒れちゃうよ
そうですか？私けっこう丈夫なので…
とにかくきちんと休養はとって下さいね
睡眠導入剤と安定剤を処方されました

その後も
業務の多さから
休暇を取ることは
できず――
これ
月末〆切
だからな！
絶対に
終わらせろ！
あーあ
つかれたァ
あせっても
しょーがない
よねー
なんか
食べてこー
……
ぽつん…
頭が重い…
なんだか今日は
字がまったく
入ってこないな…
疲れた…
3月――
唯一頼りにしていた
先輩が退職し…
夫が
海外赴任でねー…
すごく迷ったん
だけど
えっ⁉

そんな―― 先輩が…
先輩が いなくなったら…
私… 1人ぼっちに なっちゃう…!
その日から きょうこさんは 仕事でのミスが 増え始めました
あーーっ もう なにしてんだ!
こんなに時間かけて 入力ミス! やり直しだよ 全部!
っっ
なんだろう… この頃 ミスばっかり…
ちゃんとやってる つもりなのに…
私…こんなに要領悪かったっけ?
なんとか とり返さないと
頑張らないと
そして ある日――
なんだよ これ!

コピー機500台って！君か!? 発注書出したの！
あり得ないよこんなミス!!
も…申しわけありません！
はーっ
まったく…君には期待してたのにな
頑張ってるフリだけの人間はいらないんだよ
代わりはいくらでもいるんだからな
足元がグラグラ崩れていく感じがしました

次の日――
きょうこさんは
ベッドから
起き上がることが
できませんでした
動かない…
体が…
力が
入らない
行かなきゃ
行かなきゃ
いけない
のに…!!
ピンポーン
きょうこ
いるのー？
電話も
出ないし
メールの返信も
くれないから…
お母さん…
ポロ
ポロ
ポロ
母に病院に
連れて行かれ
うつ病と
診断されました

2. 症状悪化

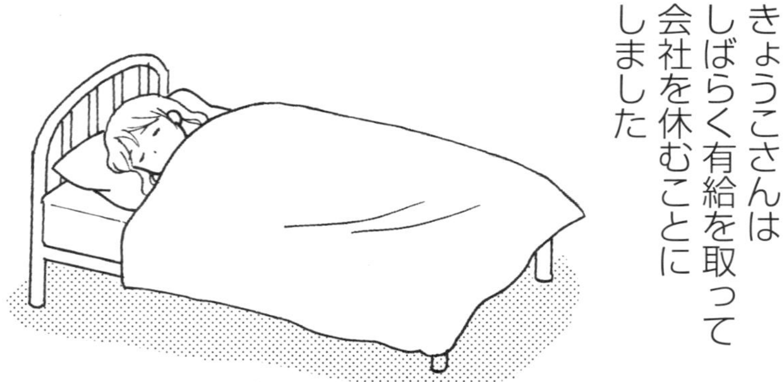
きょうこさんは
しばらく有給を取って
会社を休むことに
しました

情けない…
今までちゃんと
仕事できてたのに…
みんなに陰で
何て言われてるか…
〝うつ〟とか
言ってるけど
サボってるだけ
じゃないのー
あの程度で
休むなんて
情けないよな！
きょうこー
なかなか
来られなくて
ゴメンね
おばあちゃん
の介護で
忙しくてね
どう？
お母さん…
明日は
会社行く…
有給も
残り少ないし
えっ⁉
無理しちゃ
ダメよ！
お医者さんも
1ヶ月はしっかり
休みなさいって
言ってたでしょ！

あせって会社に行ったものの…
大丈夫なの？きょうこさん
無理しなくていいぞ
ミスをフォローする手間が増えても困るしな
ドクン
まともに仕事ができず、早退することに——
す…すみません
ちょっと…失礼します
総務部
傷病手当金というものがありますよ
けがや病気の人に最大1年6ヶ月まで給料の3分の2が健康保険から支払われます
それを利用してゆっくり休んだら？
そうなんですか…

※退職後も傷病手当金を受け続けるためには、一定の要件があります
ただし、うちの会社の決まりでは休職期間は6ヶ月だからそれを過ぎると退職になっちゃうのよ
あなたの場合1年以上勤めてるから会社辞めても※傷病手当金は続くけど
6ヶ月過ぎたら
辞める…!?
有給休暇もなくなったので傷病手当金を受けて休職…
半年で元気になって復帰しなくちゃ…
だけど体が動かない
眠れない…つらい……
ちょっときょうこさん!ゴミ分別されてないんだけど
す…すみません
お風呂に入る気力もない…
食欲もないし…
まともに生活ができない…

心配した母親が
きょうこさんを実家に
連れて帰りました
ゴメンね…
お母さん
おばあちゃんの
介護で忙しい
のに…
大丈夫よ！
お母さん、丈夫
なんだから！
お母さん…
離婚して
女手ひとつで
育ててくれて
やっと私が
就職できたのに
こんなに
迷惑かけて
しまった…
でも
傷病手当金が
受けられてよかった…
そして実家近くの
クリニックに転院
○○駅前クリニック
うつ病だね
最近多いんだよねー
若い人かかるの
まあ薬飲んで
休んでれば
すぐ治るから
体が動くなら
少しでも
運動しなさいね

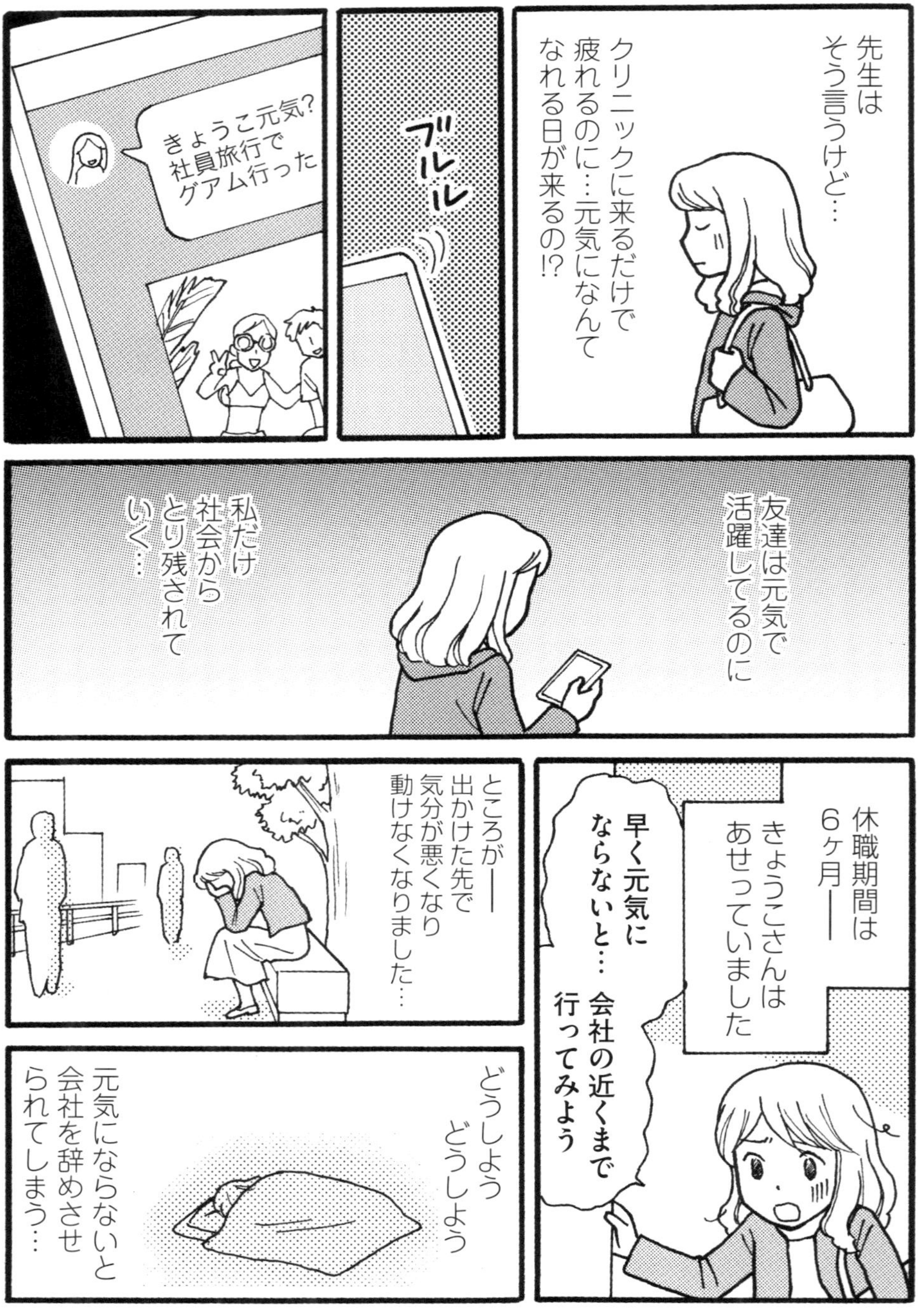

先生はそう言うけど…
クリニックに来るだけで疲れるのに…元気になんてなれる日が来るの!?
ブルル
きょうこ元気? 社員旅行でグアム行った
友達は元気で活躍してるのに
私だけ社会からとり残されていく…
休職期間は6ヶ月――
きょうこさんはあせっていました
早く元気にならないと…
会社の近くまで行ってみよう
ところが――
出かけた先で気分が悪くなり動けなくなりました…
どうしよう どうしよう
元気にならないと会社を辞めさせられてしまう…

豆知識：失業給付は仕事を辞めた後、通常は1年以内に受け取らなくてはなりません。ただし、病気等が理由の場合には、ハローワークで手続きをすれば1年間が4年間に延長されます。

お母さん！私バイト探すよ
えっ？急にそんな…あせらないほうがいいわよ
あせってないわよ！もう大丈夫！早く働けるようにならないと
ところがバイト1日目で気分が悪くなり…
結局、そのまま通えなくなってしまいました
どうして…？
元気になったと思ったのに
私にはやっぱり無理なの？
もう一生働けないの…？
しばらく落ちこむ日々が続きました
調子が良くなるとすぐ働こうとあせってしまい…
あせって動くと倒れて、再び落ちこむことを繰り返し…
きょうこさんはだんだんと自信を失っていきました

そんな日々の繰り返しで時間ばかりが過ぎ…
あらっ？この書類…
まずいわ…奨学金滞納しちゃってた…
お母さん…私どうしたらいい…？
お母さんのお荷物になって迷惑かけて
もう…消えてしまいたい…
何を言ってるの！お荷物なわけないじゃない！
働けなくたっていい！きょうこがいるだけでいいの！
私にはもう何もない…
つらい…
きょうこさんは次第に無気力になっていきました…

3. 障害年金ってなに?

はぁ〜
どうしたの? ため息ついて
どうもこうもね……娘の状態がいっこうに良くならなくて
あ——きょうこちゃん?
大変ね どれくらいになるの?
かれこれ2年にはなるのかしら
傷病手当金も切れたし 本当に落ち込んじゃっててね
お医者さんはなんて言ってるの?
う〜ん… あの先生「そのうちによくなります」って言うだけでアテにならないのよ
そうなんだ〜 いい先生知ってるわよ 紹介しようか?

でも医者を変えたら劇的に良くなるってわけでもないでしょ？
まあね
奨学金の返済もあるし家計も厳しくてね
いろいろ大変なのよ…
そうだ！そんなに病気が重いなら
障害年金が受けられるんじゃない？
障害年金!?
障害年金って何？障害のある人が受ける年金？
きょうこまだ若いわよ？
それがね知りあいの若い人がうつ病で障害年金受けてるのよ！
私も知らなかったんだけど――
障害者手帳を持っていなくてもケガや病気で働くのが難しくなった時に受けられるらしいの！

え？
そうなの？
それって
国の制度？
そうよ！いくつかの
条件があるみたいだけど
認められれば国から
年金が支給されるの
へえ――…
知らなかった！
そんな制度が
あるなんて
もし
公的な保障を
受けられたら
かなり助かるわね…
市民センターに
時々社会保険労務士が
来て無料相談を
やってるわよ
あら
ホント？
うちの
すぐ近く
じゃない！
そこで――
きょうこさんと
お母さんは相談に
行ってみることに
しました
市民センター
うつ病で年金が
受けられるなんて
ホントなの…？
話だけでも
聞いてみようよ
気分悪くなったら
すぐ帰ればいいから
こんにちは
よろしく
お願いします――

こんにちは
社会保険労務士の
中石航《わたる》と申します
あら！
ずいぶん
若い方ね
すみません
まだ新米
でして……
イケメンじゃない！
社労士って
どんなお仕事
する人なの？
社会保険労務士は
社会保険や労務・年金を
専門とする国家資格
なんです
社会保険
労務管理
公的年金
その中でも
僕は障害年金を
専門に扱っていて
請求の代理業務
などを行っています
それよ！
障害年金のことを
聞きたくて…
うつ病で…
しかも若くても
受けられるって
本当ですか？
はい！
条件を満たせば
うつ病でも
受けられます

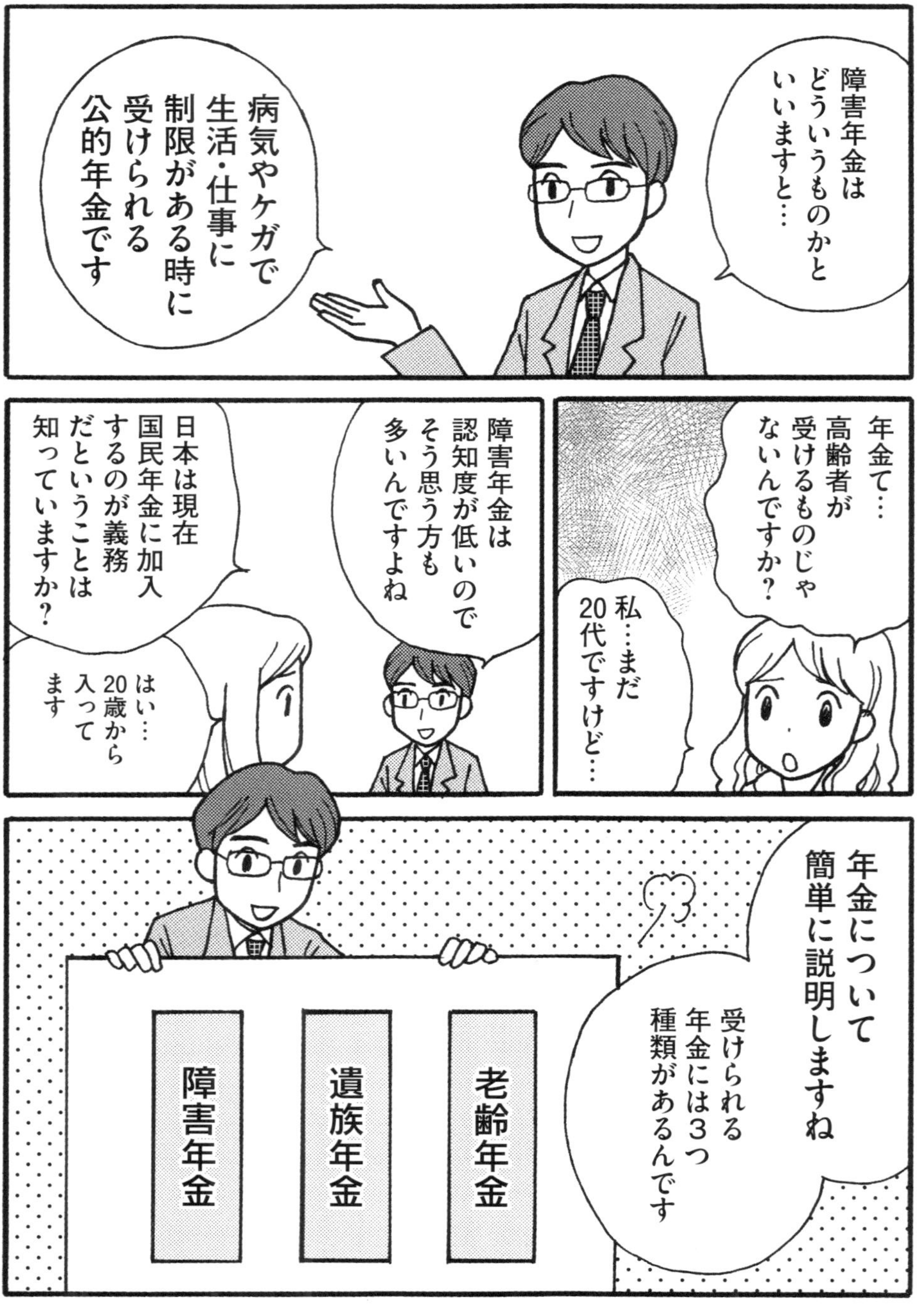
障害年金は
どういうものかと
いいますと…
病気やケガで
生活・仕事に
制限がある時に
受けられる
公的年金です
年金て…
高齢者が
受けるものじゃ
ないんですか？
私…まだ
20代ですけど…
障害年金は
認知度が低いので
そう思う方も
多いんですよね
日本は現在
国民年金に加入
するのが義務
だということは
知っていますか？
はい…
20歳から
入って
ます
年金について
簡単に説明しますね
受けられる
年金には３つ
種類があるんです
老齢年金
遺族年金
障害年金

生きていく上で生活が困難になるリスクは誰にでもありますよね
まず老いに関わるリスク
老齢年金
亡くなった時のリスク
遺族年金
そして病気・ケガによるリスク
障害年金
これらの理由で社会生活が困難になった時に支え合うのが年金制度なんです
だから障害年金は
きちんと要件を満たせば若い人でも請求する権利があるんですよ
でも…目に見える障害があるわけでもないのに
うつ病なんかで受けられるの…？

障害年金は目に見える障害のある人や障害者手帳を持つ人だけが受けるものではないんです
うつ病や発達障害 糖尿病による合併症や脳梗塞の後遺症など さまざまな病気で受けられる可能性があるんです
えっ？ そんな病気でも!?
「どれだけ日常生活に支障があるか」ということで様々な傷病が対象になるんです
特に精神疾患は目に見えないし数値で計れない分
理解されず実は困っている人はたくさんいると思います…
!
ポロ
そう…私も「あなたが弱いだけ」とか「甘えてる」とか言われて
でも、ちがう…！ 自分の意志とは反対に体が動かなくなっちゃうんだもの

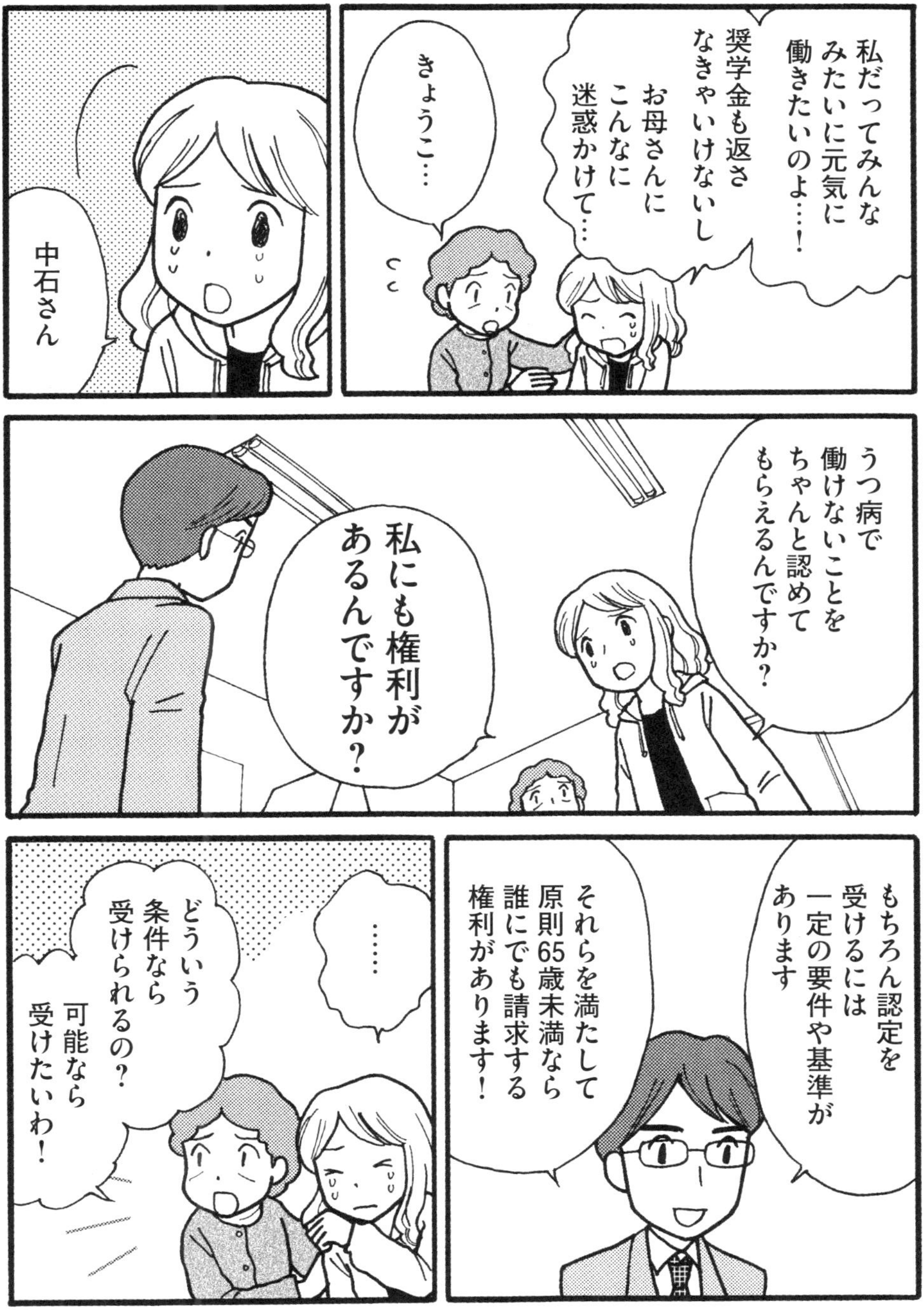
私だってみんなみたいに元気に働きたいのよ…！
奨学金も返さなきゃいけないし
お母さんにこんなに迷惑かけて…
きょうこ…
中石さん
うつ病で働けないことをちゃんと認めてもらえるんですか？
私にも権利があるんですか？
もちろん認定を受けるには一定の要件や基準があります
それらを満たして原則65歳未満なら誰にでも請求する権利があります！
……
どういう条件なら受けられるの？
可能なら受けたいわ！

4. 3つの要件

障害年金は請求すれば必ず受給できるわけではなく――
要件を満たしているかどうかの審査があります
請求にあたって大事なポイントは3つ!
すみません私ちょっと気分が…
お母さん先に帰るね
きょうこ…
すみませんねぇ…
ちょっと外出するとすぐに疲れちゃうのよ
ご心配なく!
それではお母さんに説明します
この3つの要件をクリアすれば受給できます!
①初診日要件
②保険料納付要件
③障害状態要件

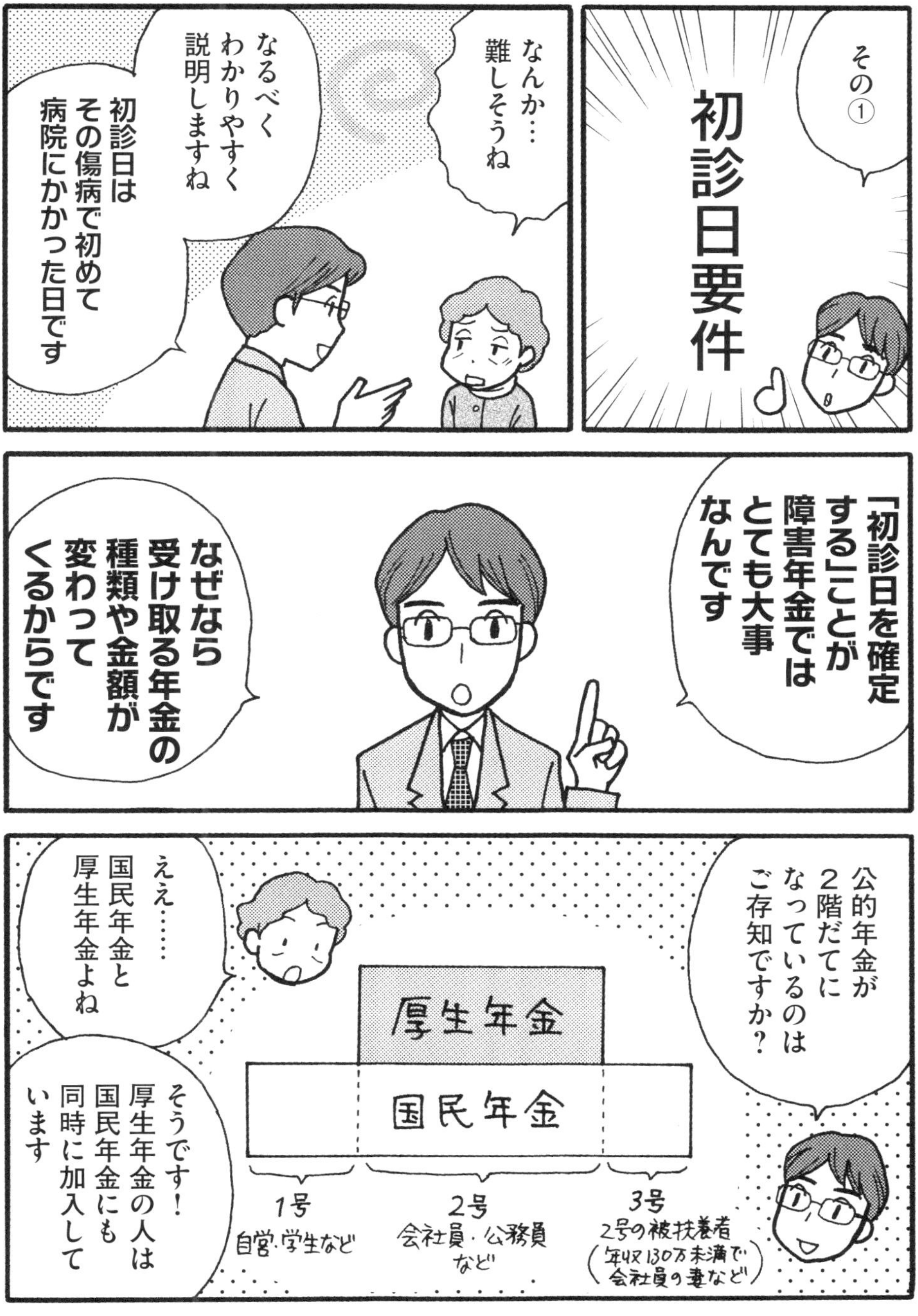

その①
初診日要件
なんか…難しそうね
なるべくわかりやすく説明しますね
初診日はその傷病で初めて病院にかかった日です
「初診日を確定する」ことが障害年金ではとても大事なんです
なぜなら受け取る年金の種類や金額が変わってくるからです
公的年金が2階だてになっているのはご存知ですか？
ええ……国民年金と厚生年金よね
厚生年金
国民年金
1号
自営・学生など
2号
会社員・公務員など
3号
2号の被扶養者
（年収130万未満で会社員の妻など）
そうです！厚生年金の人は国民年金にも同時に加入しています

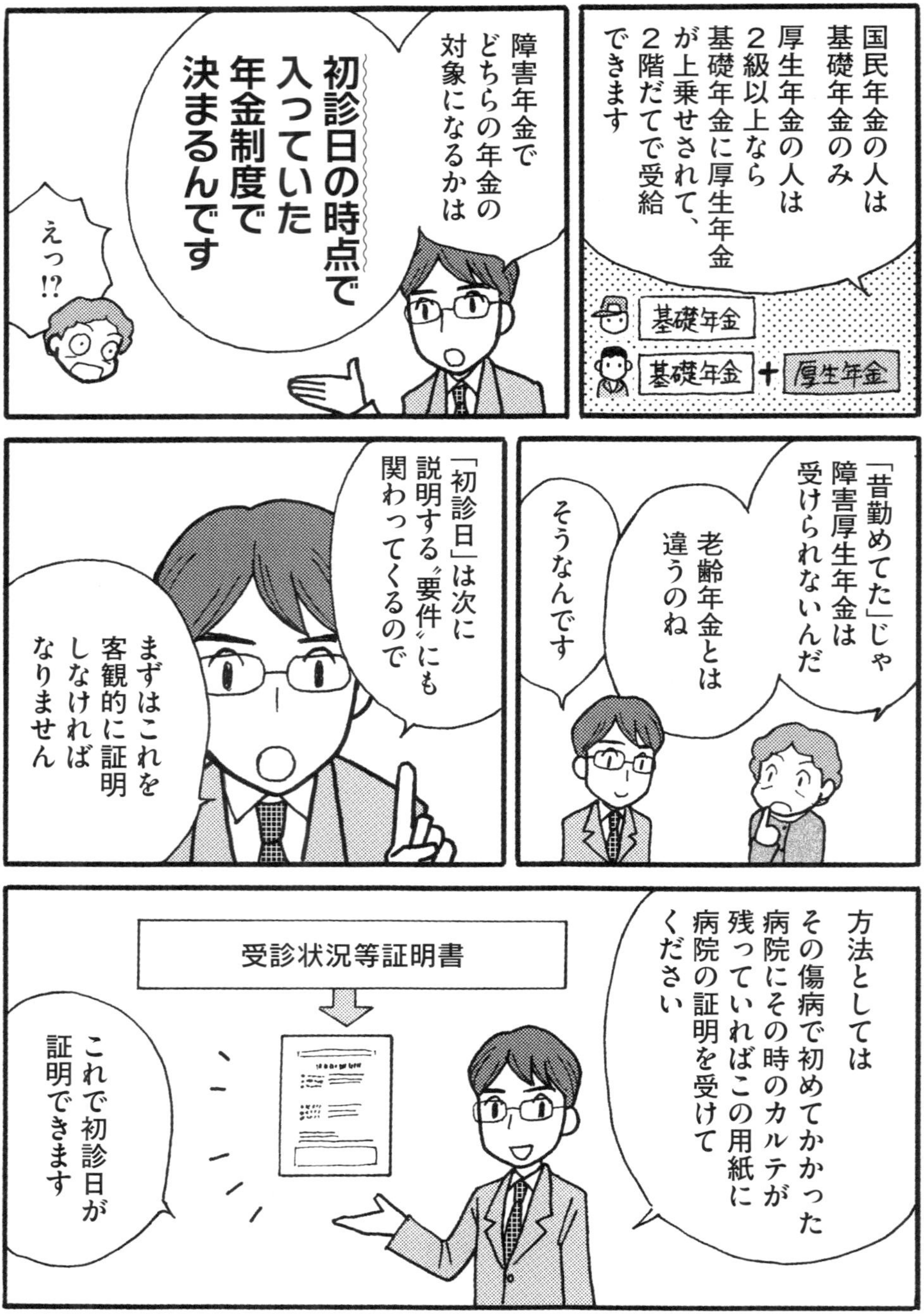

国民年金の人は基礎年金のみ厚生年金の人は2級以上なら基礎年金に厚生年金が上乗せされて、2階だてで受給できます
基礎年金
基礎年金
厚生年金
障害年金でどちらの年金の対象になるかは
初診日の時点で入っていた年金制度で決まるんです
えっ⁉
「昔勤めてた」じゃ障害厚生年金は受けられないんだ
老齢年金とは違うのね
そうなんです
「初診日」は次に説明する〝要件〟にも関わってくるので
まずはこれを客観的に証明しなければなりません
方法としてはその傷病で初めてかかった病院にその時のカルテが残っていればこの用紙に病院の証明を受けてください
受診状況等証明書
これで初診日が証明できます

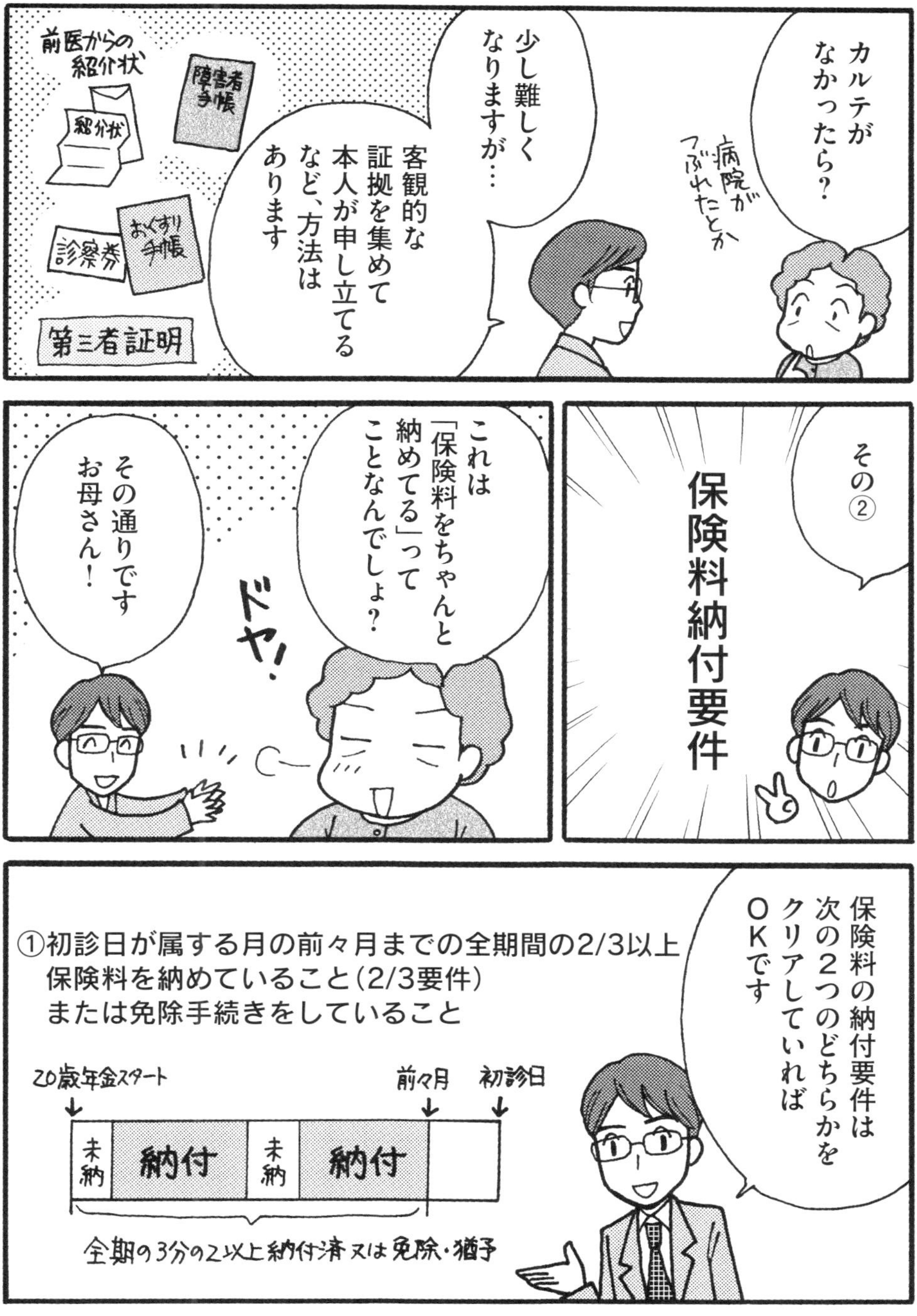
カルテがなかったら？
病院がつぶれたとか
少し難しくなりますが…
客観的な証拠を集めて本人が申し立てるなど、方法はあります
前医からの紹介状
紹介状
障害者手帳
おくすり手帳
診察券
第三者証明
その②
保険料納付要件
これは「保険料をちゃんと納めてる」ってことなんでしょ？
ドヤ！
その通りですお母さん！
保険料の納付要件は次の２つのどちらかをクリアしていればＯＫです
①初診日が属する月の前々月までの全期間の2/3以上
保険料を納めていること（2/3要件）
または免除手続きをしていること
20歳年金スタート
前々月
初診日
未納
納付
未納
納付
全期の3分の2以上納付済又は免除・猶予

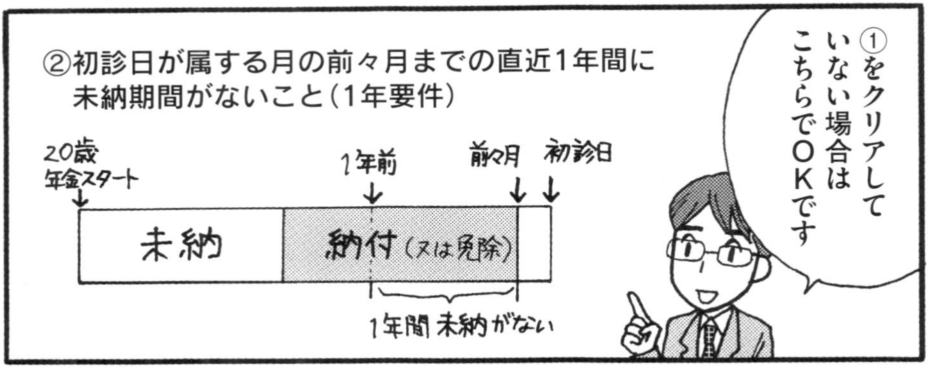

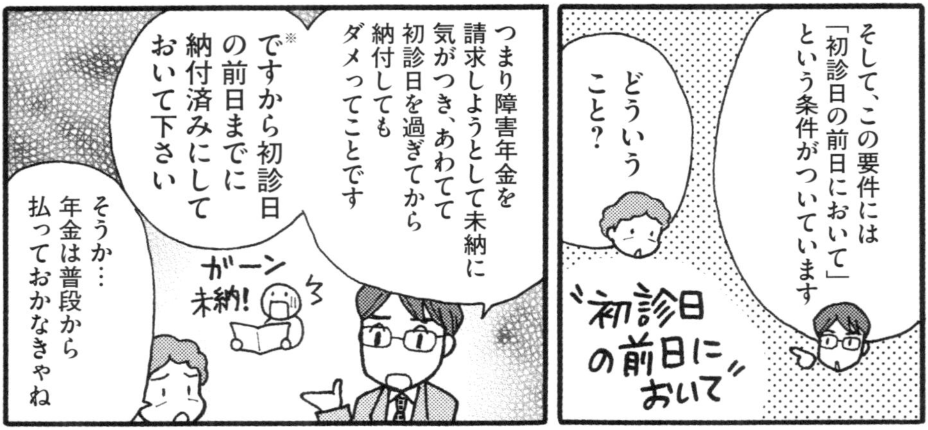

※国民年金保険料は未納分を後から納付することができます

ポイント：年金保険料が払えない場合には免除申請をしておくと権利があります。全額免除が決まった場合には保険料を納める必要はありませんが、免除の種類によっては納めないと未納扱いになってしまうことがあります。ただし20歳前障害、精神遅滞については保険料納付要件は問われません。

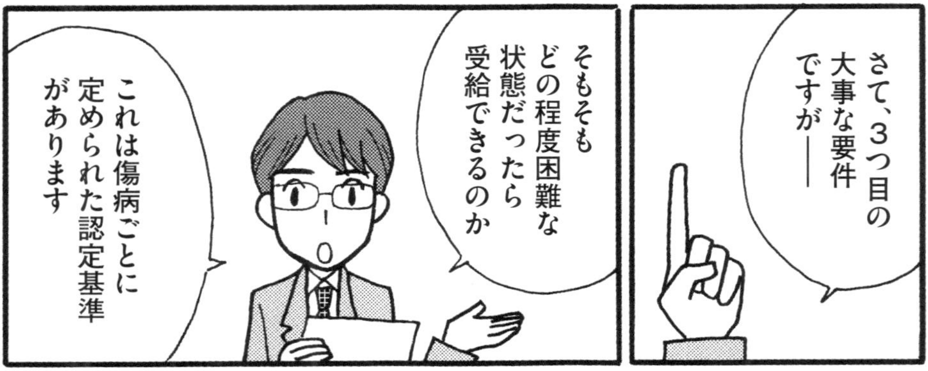

その③
障害状態要件
これは「傷病による支障の程度が認定基準を満たしているか」
「障害認定日に障害年金の等級の状態にあるか」ということです
とうきゅう？
等級はこのようになっています
重い
軽い
障害厚生年金
1級
2級
3級
障害基礎年金
1級
2級
国民年金の人だと3級はないのね
で、うつ病は何級なの？
あっ、そういうことではなくてですね――
同じ病気でも程度が軽い人も重い人もいますから
あくまでも症状の重さによって等級は決まります

※1　傷病によっては働きながら障害年金を受けることも可能です
※2　障害手当金は初診日から5年以内に症状固定した場合に支給される一時金です（ただし、うつ病のような症状に波のある傷病には支給されません）

きょうこさんの生活状況を点数表に当てはめるとおおよその目安がわかります
ハァ
肝心なのは、症状は日々変わるのでいつの時点の障害状態で判断されるのか？ということですが
原則として初診日から1年6ヶ月経った日です
初診日
1年6ヶ月
障害認定日
請求日
症状が固定
これが「障害認定日」
この日から3ヶ月以内の診断書を提出しそれをもとに等級が決まります
初診日から1年6ヶ月経つ前に症状が固定した場合はその日が障害認定日になります
……
以上が3つの要件です！
ざっくりとですが
きょうこが自分で請求したら病気が重くなりそうね…
ややこしい…

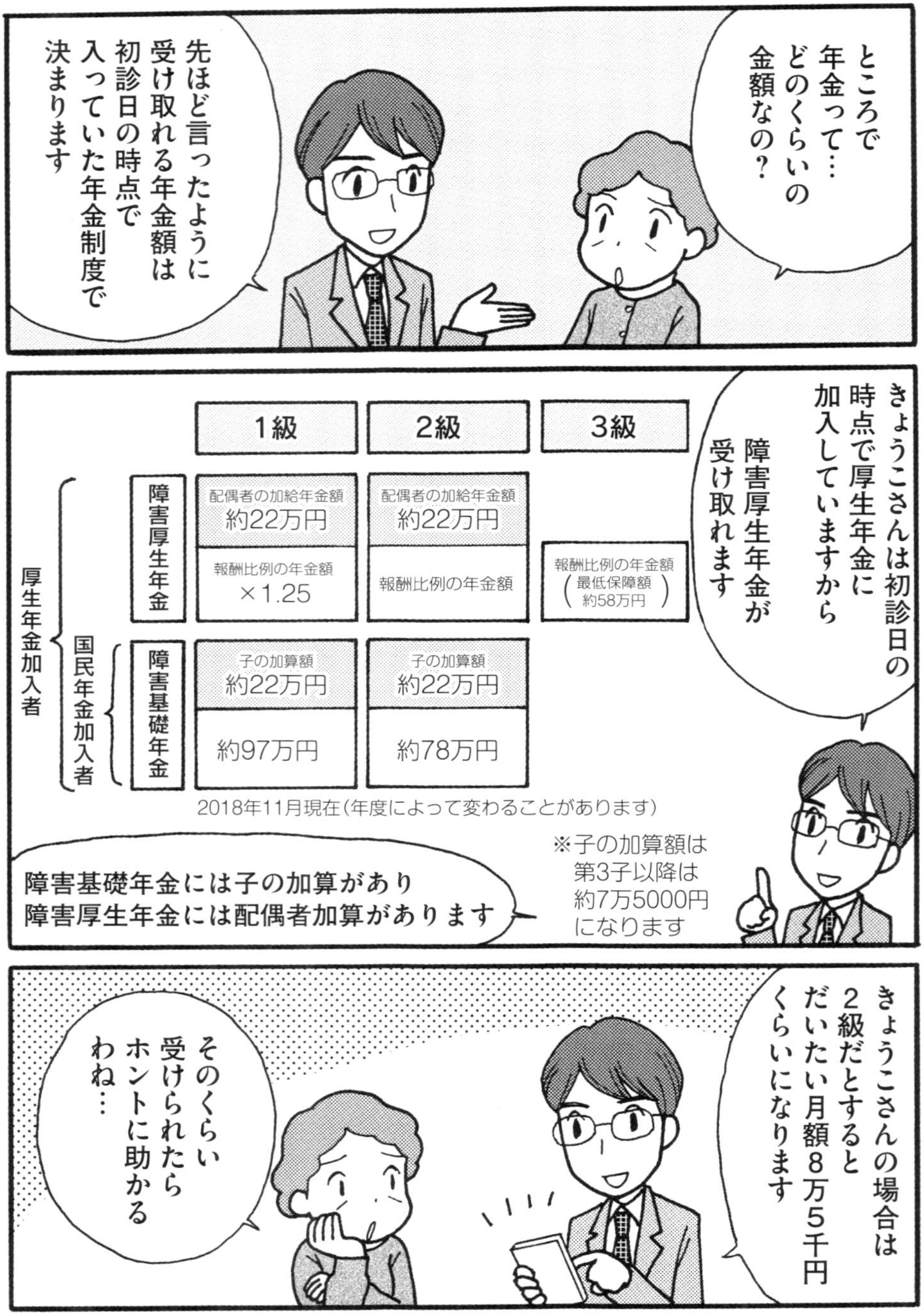

			1級	2級	3級
厚生年金加入者		障害厚生年金	配偶者の加給年金額 約22万円	配偶者の加給年金額 約22万円	
			報酬比例の年金額 ×1.25	報酬比例の年金額	報酬比例の年金額（最低保障額 約58万円）
	国民年金加入者	障害基礎年金	子の加算額 約22万円	子の加算額 約22万円	
			約97万円	約78万円	

2018年11月現在（年度によって変わることがあります）

5. やっぱり私じゃ受けられないの？

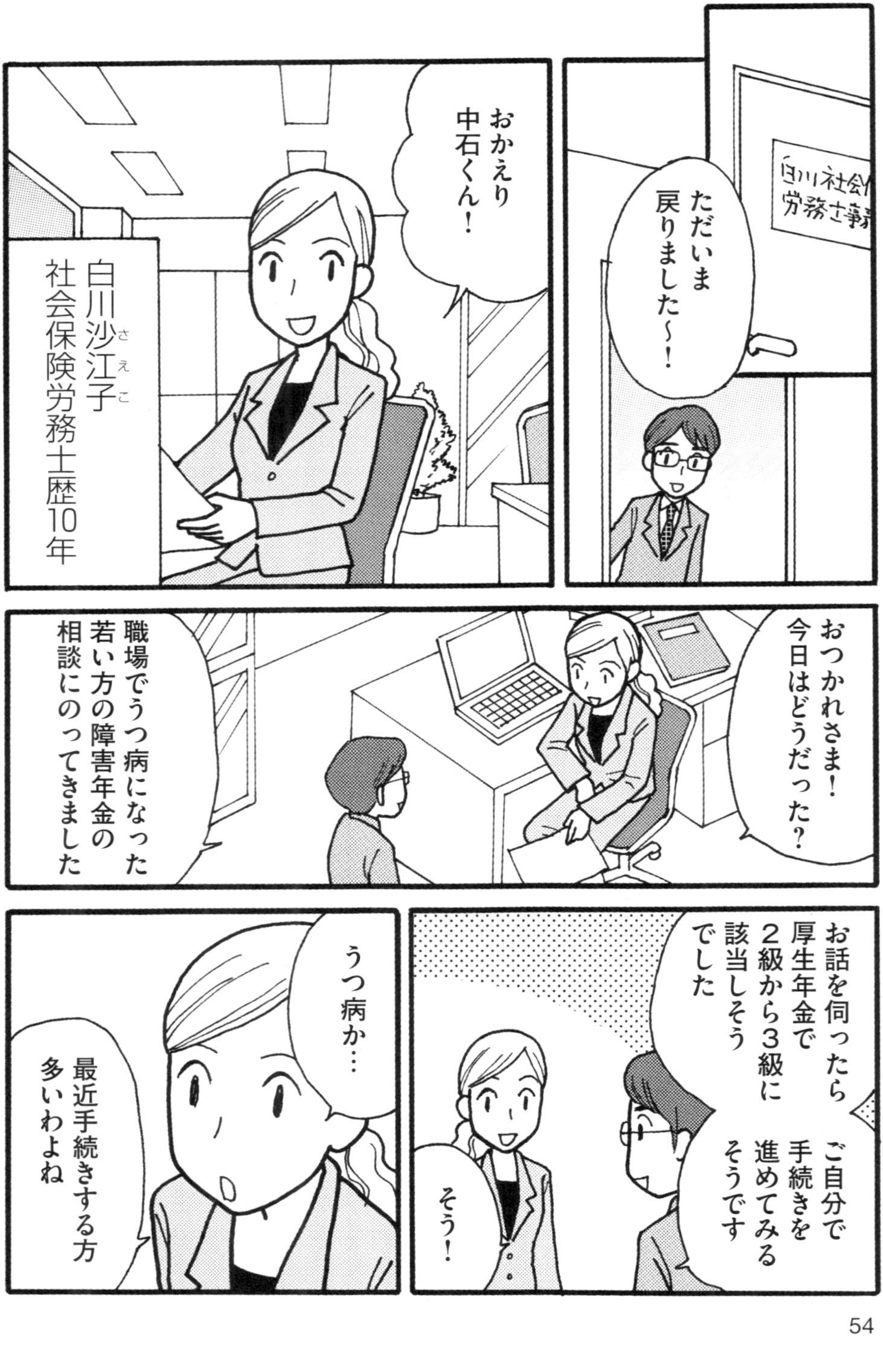
ただいま戻りました〜!
おかえり中石くん!
白川沙江子《さえこ》
社会保険労務士歴10年
おつかれさま!今日はどうだった?
職場でうつ病になった若い方の障害年金の相談にのってきました
お話を伺ったら厚生年金で2級から3級に該当しそうでした
ご自分で手続きを進めてみるそうです
そう!
うつ病か…
最近手続きする方多いわよね

うまくいくといいわね
そうですね
年金事務所
障害年金の請求ですね
初診日は確認されていますか?
はい 一応…
ではこちらが請求書一式です
どさっ
うわっ こんなに書類あるの!?
障害年金キット
これ全部書くんですか!?
いえ… この中から該当するものを選んで書きます
個々の状況によって提出書類が変わりますので
はぁ…
これとこれとこれでいいのかしら…?
しょうがない… わからなければまた聞きに来よう…
診断書は… これを持っていってもらうってことね
これはきょうこが頼みに行って…
はァ~ 大変…

1週間後
はい！社労士の中石ですが…
きょうこさん…あぁ以前にご相談いただいた方ですね
——え？
うそだったんですね
ひどいです中石さん
やっぱりうつ病で障害年金なんてムリじゃないですか！
私のことなんか…誰も助けてくれないんです！
ちょ、ちょっと待ってください！
何かあったんですか？
もういいですから…じゃあ…
ブツン
白川社会労務士事務
ごめんなさいね中石さん…
きょうこが失礼なこと言ったみたいで…
いえ…それはいいんですが…

何か
あったんですか？
それが
ねぇ…
主治医の先生に
相談しに行ったのよ
障害年金の
診断書？
ダメダメ！
うつで障害年金
なんて！
君じゃあ
もらえないよ
え…でも
社労士の方は
請求できる
って…
すぐそういうのに
頼ろうとしちゃダメ！
社会復帰
したいんでしょ！
若いんだから
早く治して
働くことを
考えなさい！
きょうこ
ガックリきて
落ち込んじゃって
……

でも、きょうこさんは実際には働けない状態ですし
うつ病などの病気でも労働に制限がある場合には対象になることがちゃんと認定基準にも書いてあります
そうね…でも先生にそんなこと言えないじゃない
主治医にダメって言われたら絶望的な気分になるわよ…
……
いろいろとありがとう！また落ちついたら請求するか考えてみます
……そうですか
はぁ〜
どうしたの？中石くん
そうかぁ…その方は該当してそうなのにね…
えぇ…本当に悔しいです

主治医に頭から否定されるなんて！患者はどうしたらいいんですか!?
今後の人生に関わってくることなのに
そうよね
患者さんにとって経済的基盤があることでもたらされる安心感ははかり知れないわ！
でもね…診断書は医学的判断のできる医師しか書けないものだから
医師がNOと言ったらNOなのよ…
そうですけど…
障害年金自体があまり知られてないから医師もよくわかってないってこともあるんでしょうか？
それもあるわね
年金制度って複雑だしね
障害年金をもっと多くの人に知ってもらえるように私たちもがんばらなきゃね！
そうですね…

6. もう1度チャンスを!

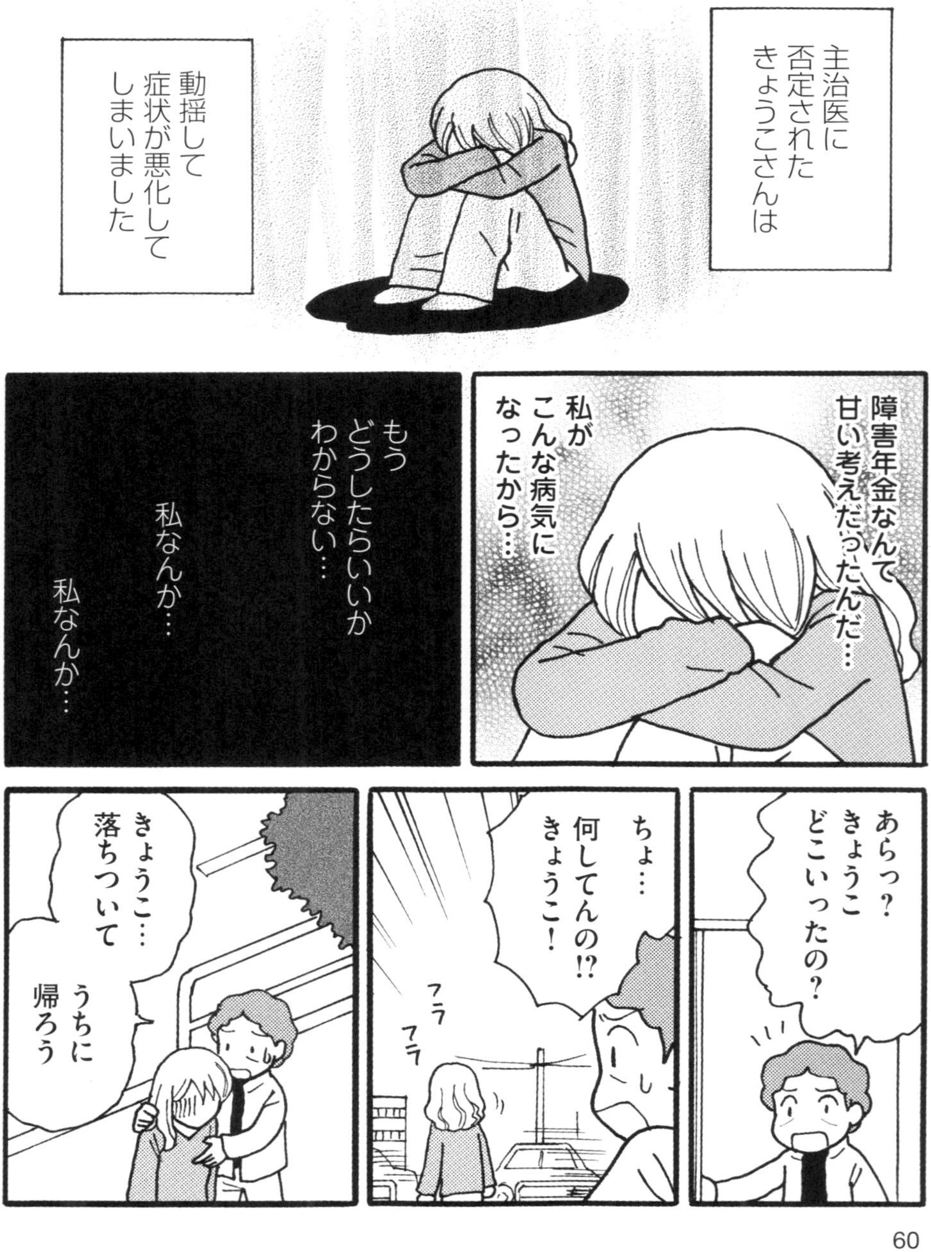

主治医に否定されたきょうこさんは
動揺して症状が悪化してしまいました
障害年金なんて甘い考えだったんだ…
私がこんな病気になったから…
もうどうしたらいいかわからない…
私なんか…
私なんか…
あらっ？きょうこどこいったの？
ちょ…何してんの!?きょうこ！
フラ
フラ
きょうこ…落ちついて
うちに帰ろう

1ケ月後…
きょうこ…そろそろ薬なくなるでしょ？
病院行かないと…
病院…いやだ…
先生怖い…
行けない！
どうしようお母さん！
薬もうないのに！
きょうこ！
わかった！
もうあの病院は行かなくていいから！
別のところに行こう！
きょうこさんは転院※することにしました
すみません…前の病院に…どうしてもその…行けなくて紹介状がないんですけど
そうですか
お薬手帳にしっかり履歴があるので大丈夫ですよ
受付

※転院後、前医の紹介状を必ず取得しなければならない医療機関もあります。

そうですか…
職場で…
つらかったね…
うんうん
大変だった
ですね…
あなたは本当に
よくがんばって
きたんですね
心と体を
十分に休ませて
ゆっくり治して
いきましょうね
6ヶ月後…
日中少しずつ
起きられる時は
起きてます
いいですね
顔色も良くなって
いますよ
信頼できる先生に
出会えたことで
きょうこさんは
次第に落ちつきを
取り戻していきました

でも…やっぱり
時々あせって
つらくなります
みんな…社会で
活躍してるのに…
私は…って
働けない
自分が
情けなくて
うつ病は
心の複雑骨折の
ようなものですよ
全身骨折して
包帯だらけの
人に「働け」とは
言わない
でしょう?
見た目では
わからない病気
だって
同じことです
……
先生は
障害年金って
ご存知ですか?
障害年金
ですか
受給できれば安心して
治療に取り組めますよね
診断書は書きますよ

自分で請求する？ 専門家に頼む？

障害年金の請求は自分でやるか、年金の代理業務を行うことのできる社会保険労務士にも依頼できます。

〔自分で請求しやすいケースは？〕

・初診日が明確に証明できる
　……転院がない、カルテが残っている等

・医師が障害年金の診断書の書き方に詳しい

・検査数値や状態が認定基準に明示されている傷病の場合……例：人工関節→3級
人工弁置換→3級
人工肛門→3級

〔どんな時に社労士に相談したらいい?〕

・自分は受けられる可能性があるか分からない

・年金事務所に行ってみたが、説明が難しくて分からない

・自分で請求したら体調が悪くなりそう、長時間かかりそう

・病状が悪くて外出できない(書類を取りに行けない)

・カルテが処分されていて、初診日の証明が取れない

・家族などの協力者がいない

・自分で請求してみたが、不支給になった

★初回の相談は無料のことが多い(要確認)

社労士の一般的な費用の相場

○**着手金** → 無料〜3万円程度
○**成功報酬**(年金が受給できるようになった時だけかかります)
以下の①又は②いずれか高い方
①年金月額の2〜3ケ月分
②第1回支払額の10〜20%

費用の説明をきちんとしてくれる社労士さんが安心ね

☆費用や具体的な代理手続きの内容は、各社労士によってまちまちですから契約の前に必ず詳細の確認をしましょう。

自分たちで書類作ったらとんでもなく時間がかかりそうね
書類準備に半年かかるくらいならプロに頼んで早く自分たちの手元に入るほうがいいわ
書類ニガテだし
というわけで今回は中石くんにお願いします
はい！全力でサポートします！
委任状

7. 手続き開始

さて、委任状もいただきましたし手続きを進めていきますね
ちょっと待って！
委任状
今回は中石くんに依頼したけど…私だっていつ障害年金のお世話になるかもしれないじゃない？
ひと通りの手続きを知りたいからくわしく説明しながら進めてもらえない？
わかりました！
それではまず初診日の確認をしましょう！
初診日とは障害の原因となった傷病で初めて医療機関にかかった日です
「うつ病」って診断された２０１６年3月になるのかしら？

違うんです
その前年の10月に不眠で初めて心療内科に行ったので初診はその日になります
あぁ そういえばそうね…
でも その時はまだうつ病じゃなかったわよ
病名をつけられた日じゃないの？
じゃあ、もし転院した病院でうつ病って言われたら？
A医院
うつ病とは言われてない
B医院
うつ病です
その場合も「初診」は初めて不眠・抑うつ状態を指摘されたA医院になります
不眠・抑うつ状態アリ
A医院
こっちが初診日
転院
B医院
前医院で抑うつ状態を指摘されておりうつ病発症
明確な病名がつけられなくても**因果関係のある症状で一番最初に受診した日が初診日になるんです**
例えば糖尿病で合併症を起こした場合は「初めて糖尿病の治療を指示された日」が初診日となるので何年も前が初診日となることもあります
そうなのね…
初診日がわかったところで次は納付要件です

受け取れる障害年金の種類は初診日の時点で加入していた年金制度で決まります
きょうこは初診日の時点は会社員だったから…
それだと障害厚生年金になりますね
次に保険料の納付状況を見てみましょう
納付要件は初診日の前日において初診日の前々月までの「納めるべき期間の⅔以上の保険料が納付または免除されていること」または「初診日において65歳未満であり、初診日の前々月までの1年間に保険料の未納がないこと」です
2015・10
初診日
2015・8
2015・4
入社
2014・8
国民年金
厚生年金
8月 9月 10月 11月 12月 1月 2月 3月 4月 5月 6月 7月 8月 9月 10月
前々月
1年間
きょうこさんの納付状況
直近の1年間で見てみましょう!
未納はないけど国民年金と厚生年金が混ざってるわよ
それは問題ありません年金の種類が問われるのは初診日だけです
納付要件もOK!
もう少し流れを整理してみましょう

まず初診日と障害認定日
2015年10月
2016年3月
2017年4月
不眠と抑うつ
うつ病と診断
休職
現在
初診日
1年6ヶ月
認定日
きょうこさんの場合の初診日は２０１５年の10月４日
認定日は１年６ヶ月後の２０１７年４月４日となります
基本的には障害認定日が過ぎたら、すぐに請求ができます
あら、そうだったの？
認定日請求（本来請求）
本来の請求の方法は障害認定日から１年以内に認定日から３ヶ月以内の診断書を書いてもらって提出します
初診日
認定日
請求日
1年6ヶ月
1年以内
3ヶ月以内の診断書1枚
そして請求してから３～４ヶ月程度で審査を経て、年金決定の通知（年金証書）が届き
認定日
請求日
年金決定！
1年以内
3～4ヶ月程度
翌月分から受給
（後からまとめて振り込まれる）
認定日の翌月分からの年金を受給できるという流れです

えっ!? 認定日から1年以内って…
きょうこはもう1年4ヶ月経ってるからダメじゃない!
認
今!
1年
…という場合が実際には多いので
知らなかったって人多いですから
1年以上経った場合は①認定日から3ヶ月以内の診断書に加えて②現在の状態の診断書も提出します
2枚
この場合、過去の分も遡《さかのぼ》って認定日の翌月分からの年金が受け取れます
認定日請求（最大5年遡れる）
初診日
認定日
3ヶ月以内の診断書
3ヶ月以内の診断書
請求日
翌月分から受給（請求日から5年以内）
ただし時効があって遡れるのは5年までです
認
請
5年
この部分は受けられない
認定日から3ヶ月以内の書類って… 当時かかってた病院に頼むのよね?
はい!
ムリよ〜 あの先生、書いてくれないもの
1枚
そういう場合は現在の診断書1枚だけで済む「事後重症請求」という方法があります

これは障害認定日時点では症状が軽くて該当しなかったもののその後、症状が悪化した場合や——
事後重症請求
請求日
3ヶ月以内の診断書
認定日
初診日
受給
様々な理由で認定日から3ヶ月以内の診断書が手に入らない場合に認定日にこだわらず請求する方法です
ですがこの場合は…
受け取れる年金は請求日の翌月分からになります
請求日
3ヶ月以内の診断書
認定日
ここの部分は受けとれない
なるほど…今の先生しか書いてくれない場合はそれでいいのね
現在の診断書1枚で
はい！該当すれば、本来受け取れるはずの分を放棄することにはなるんですが…
いいわそれで…前の先生のところに行かなきゃならないって言ったらきょうこ、また具合が悪くなりそう
では事後重症請求ということで
基本的事項の確認ができましたから次へいきましょう！

8. 書類はどう書くの?

※すべて日本年金機構のホームページからダウンロードできます
(https://www.nenkin.go.jp/service/todoke/shindansho/20140421-22.html)

審査に関わる特に大事な書類はこの3つです
ちゃっちゃっと
なんだ～それがわかってたらさっさと書けたのにねぇ～
いいえ！さっさと流してはダメです！
えっ!? ど…どうして!?
慎重には慎重を重ねて書かないと！
大事！
障害年金の審査はすべて書類だけで行われるんです！
等級を決める日本年金機構の医師が直接診察をしてくれるわけではありません
どんなに症状がひどくてもしっかり書類に書かれていなければ受給できないんです
そうなの…!?
訴える手段はこの数枚の書類しかないんです
日常生活の支障が正確に伝わるように書類を書く！
ということがとにかく大事です

※1 こちらも日本年金機構のホームページよりダウンロードできます
※2 125ページ参照

次に②病歴・就労状況等申立書
こちらは唯一請求者が自分で症状を訴えることができる書類です
委任された社労士が代筆できます
これは医師じゃなくて自分たちで書けるのね！
前の医者がどれだけわからず屋だったか書いてやってよ！中石くん！
主治医が突き放すからきょうこは…
なんなら、コレ私が書くわ！言いたいこと山ほどあるの！
ちょ…
ちょっと待ってください！
個人的な恨みつらみを書いても、認定には反映されません
書くのは傷病のことだけです！
そうなの？こんなに貧乏で困ってるとか書いたら、有利になるんじゃない？
それは違います
あくまで認定基準は障害の程度なので経済的事情は関係ないんです

そうなんだ…
でもねぇ…
私もつらいのよ
ブツ
離婚して…おばあちゃんの介護はあるし老齢年金はどうせちょっとしかもらえないし
ブツ
ブツ
お気持ちはわかりますが…それは別の場所で訴えていただいて
人生っていばらの道だわねェ
ポイントとしては
・どのような症状があったか
・治療の経過
・日常生活への支障
などを具体的に時系列で書いていきます
病歴・就労状況等申立書
傷病に直接関係のないことは書かずに簡潔にまとめます
最後に③診断書！
これは等級決定を左右するとっても重要な書類です！
診断書
これは医師に書いてもらうんだからラクね！
そうとも言えません

正確な診断書を書いていただくのは思ったより難しいんです
医師は医療のプロですが障害年金の診断書の書き方は知らない場合もあります
たとえばこんな話がありました…
両足切断で1級認定を受けた方――
医師からの診断書を見てみると――
歩く（屋外）→○△
立ち上がる→支持があればできるがやや不自由
階段を上る→手すりがあればできるがやや不自由
「1人で歩ける」「階段の昇降ができる」ということになっていたんです
えっそんな…
明らかに歩けないのに…
診断書には「補助具」を記入することになっているんですが医師が見落としていたんです
また精神の診断書には日常生活の支障を聞く項目※が7つありますが
月に数回の短い診察では現実どのように困っているかを医師が把握するのは難しいんです
・適切な食事
・身辺の清潔保持
・金銭管理と買い物
など

※81ページ参照

確かにそうね…
布団から出られず
食事を出しても口に
ので なんとか
のみこむ。
ですから――診断書を依頼する時は日常生活のつらいことを詳しくメモして渡すなどして
現状と合った診断書を書いていただくことが大事です！
………
さっきの方は結局、受けられなかったの？
いえ、医師に説明して補助用具をつけないで診断書を書き直してもらったところ1級になりました
よかった…でも、なんだか心配になってきたわ
きょうこは「うつ」でしょ？
日常生活の支障って言ってもわかりにくいわよね…
そうですね…精神疾患の場合は何ができて、何ができないかの判断は難しいですからね
次は精神疾患の診断書を詳しく見ていきましょう

9. 診断書ってどんなもの？

これを医師が記入するのね
でも等級が決まる目安がわかんないわね
そうなんです！
以前は障害基礎年金は各都道府県の認定医により審査が行われていて地域によって等級決定に大きな格差がありました…
そこで現在では精神の障害について「等級判定ガイドライン」が設けられ
診断書にある「日常生活能力の判定と程度」を点数化することにより大まかな等級の目安がわかるようになったんです
精神の診断書の裏面の2として「日常生活能力の判定」の7項目のうち――
食事
清潔
金銭管理
その他
4段階の評価が「できる」からそれぞれ1～4点に設定されていますので◯のついたところを計算して平均点を出します
それと次ページの「日常生活能力の程度」の◯がついたところをガイドラインの表にあてはめてみます
具体例で見てみましょう！

診断書（精神の障害用）裏面「日常生活能力の判定と程度」

日常生活能力の判定は
７項目あります。
「できる」からそれぞれ
１点・２点・３点・４点 に
設定されています。

※188～189ページ（きょうこさんの診断書）も参照

上活
活環境（該当
入所　・　在宅　・　その他（　　　　　　）
居者の有無　（　有　・　無　）

（イ）　全般的状況（家族及び家族以外の者との対人関係についても
的に記入してください。）

［　　　　　　　　　　　　　　　　　　］

2　**日常生活能力の判定（該当するものにチェックしてください。）**
（判断にあたっては、単身で生活するとしたら可能かどうかで判断してください。）

（1）**適切な食事**―配膳などの準備も含めて適当量をバランスよく摂ることがほぼできるなど。

□できる　□自発的にできるが時には助言や指導を必要とする　☑自発的かつ適正に行うことはできないが助言や指導があればできる　□助言や指導をしてもできない若しくは行わない

（2）**身辺の清潔保持**―洗面、洗髪、入浴等の身体の衛生保持や着替え等ができる。また、自室の清掃や片付けができるなど。

□できる　□自発的にできるが時には助言や指導を必要とする　☑自発的かつ適正に行うことはできないが助言や指導があればできる　□助言や指導をしてもできない若しくは行わない

（3）**金銭管理と買い物**―金銭を独力で適切に管理し、やりくりがほぼできる。また、一人で買い物が可能であり、計画的な買い物がほぼできるなど。

□できる　□おおむねできるが時には助言や指導を必要とする　☑助言や指導があればできる　□助言や指導をしてもできない若しくは行わない

（4）**通院と服薬（要・不要）**―規則的に通院や服薬を行い、病状等を主治医に伝えることができるなど。

□できる　□おおむねできるが時には助言や指導を必要とする　□助言や指導があればできる　☑助言や指導をしてもできない若しくは行わない

（5）**他人との意思伝達及び対人関係**―他人の話を聞く、自分の意思を相手に伝える、集団的行動が行えるなど。

□できる　□おおむねできるが時には助言や指導を必要とする　☑助言や指導があればできる　□助言や指導をしてもできない若しくは行わない

（6）**身辺の安全保持及び危機対応**―事故等の危険から身を守る能力がある、通常と異なる事態となった時に他人に援助を求めるなどを含めて、適正に対応することができるなど。

□できる　□おおむねできるが時には助言や指導を必要とする　□助言や指導があればできる　☑助言や指導をしてもできない若しくは行わない

（7）**社会性**―銀行での金銭の出し入れや公共施設等の利用が一人で可能。また、社会生活に必要な手続きが行えるなど。

□できる　□おおむねできるが時には助言や指導を必要とする　☑助言や指導があればできる　□助言や指導をしてもできない若しくは行わない

1点　　2点　　3点　　4点

日常生活能力の判定は４段階で評価されます
↓
次ページⒶ

3　**日常生活能力の程度（該当するもの一つを○で囲んでください。）**
※ 日常生活能力の程度を記載する際には、状態をもっとも適切に記載できる（精神障害）又は（知的障害）のどちらかを使用してください。

（精神障害）

（1）　精神障害（病的体験・残遺症状・認知障害・性格変化等）を認めるが、社会生活は普通にできる。

（2）　精神障害を認め、家庭内での日常生活は普通にできるが、社会生活には、援助が必要である。
（たとえば、日常的な家事をこなすことはできるが、状況や手順が変化したりすると困難を生じることがある。社会行動や自発的な行動が適切に出来ないこともある。金銭管理はおおむねできる場合など。）

（3）　精神障害を認め、家庭内での単純な日常生活はできるが、時に応じて援助が必要である。
（たとえば、習慣化した外出はできるが、家事をこなすために助言や指導を必要とする。社会的な対人交流は乏しく、自発的な行動に困難がある。金銭管理が困難な場合など。）

（4）　精神障害を認め、日常生活における身のまわりのことも、多くの援助が必要である。
（たとえば、著しく適正を欠く行動が見受けられる。自発的な発言が少ない、あっても発言内容が不適切であったり不明瞭であったりする。金銭管理ができない場合など。）

（5）　精神障害を認め、身のまわりのこともほとんどできないため、常時の援助が必要である。
（たとえば、家庭内生活においても、食事や身のまわりのことを自発的にすることができない。また、在宅の場合に通院等の外出には、付き添いが必要な場合など。）

（知的障害）

（1）　知的障害を認めるが、社会生活は普通にできる。

（2）　知的障害を認め、家庭内での日常生活は普通にできるが、社会生活には、援助が必要である。
（たとえば、簡単な漢字は読み書きができ、会話も意思の疎通が可能であるが、抽象的なことは難しい。身辺生活も一人でできる程度）

（3）　知的障害を認め、家庭内での単純な日常生活はできるが、時に応じて援助が必要である。
（たとえば、ごく簡単な読み書きや計算はでき、助言などがあれば作業は可能である。具体的指示であれば理解ができ、身辺生活についてもおおむね一人でできる程度）

（4）　知的障害を認め、日常生活における身のまわりのことも、多くの援助が必要である。
（たとえば、簡単な文字や数字は理解でき、保護的環境であれば単純作業は可能である。習慣化していることであれば言葉での指示を理解し、身辺生活についても部分的にできる程度）

（5）　知的障害を認め、身のまわりのこともほとんどできないため、常時の援助が必要である。
（たとえば、文字や数の理解力がほとんど無く、簡単な手伝いもできない。言葉による意思の疎通がほとんど不可能であり、身辺生活の処理も一人ではできない程度）

日常生活能力の程度は５段階で評価されます↓次ページⒷ

「日常生活能力の程度」は
精神障害と知的障害に
分けられています
うつ病だと上の
精神障害の方に
なります

81ページの診断書の方の例で計算してみましょう!

Ⓐ「日常生活能力の判定」の７項目の平均点を計算します

3点×５＋４点×２＝23

７項目の平均は23÷７＝3.2点

Ⓑ「日常生活能力の程度」は⑴～⑸のうち⑷に○がついています

ⒶⒷをこちらの「等級の目安」の表にあてはめてみると…

判定平均＼程度	(5)	(4)	(3)	(2)	(1)
3.5以上	1級	1級又は2級			
3.0以上3.5未満	1級又は2級	2級	2級		
2.5以上3.0未満		2級	2級又は3級		
2.0以上2.5未満		2級	2級又は3級	3級又は3級非該当	
1.5以上2.0未満			3級	3級又は3級非該当	
1.5未満				3級非該当	3級非該当

なるほど!

この人の場合は2級ってワケね！
ここの部分だけで決まるわけではないので決定ではないのですが…
このくらいの症状だと2級の可能性が高いという目安にはなります
きょうこの場合はどうかしら…
ここの「日常生活能力の判定」を見るのね
(1)適切な食事 食欲がない時もあるけど食べられるわね
(2)身辺の清潔… お風呂…まあ1人で入れないわけじゃないわね
(1)適切な食事
(2)身辺の清潔保持
(3)金銭管理と買い物
(4)通院と服薬
(5)他人との意思伝達及び対人関係
(6)身辺の安全保持及び危機対応
(7)社会性
全部「できる」…
…って思う人が多いんですけど
え!? それじゃ非該当になっちゃう！
ここの評価は誤解が多いところなんです
これを見てください

ここに「単身で生活するとしたら可能かどうかで判断してください」
と注意書きがあります
もし1人暮らしだったら例えば食事…
適切な量を適切な時間に自発的にとれるでしょうか？
それは無理だわ
私が作って出すから食べるけど
1人だったら食事できないから実家に連れて帰ったんだもの
その場合は「自発的にはできない」ではないでしょうか
なるほど身体的に可能かどうかだけじゃなくて
自発的にできるかってことが聞かれてるのね
買い物
つきそい
確かに——
そうやって見ていくと…
「できる」とは言えないことばっかりだわ…

でも…これ
お医者さんが
書くのよね
ちゃんと
わかって書いて
くださるのかしら?
そこなんです!
この項目はほとんど
日常生活での支障を
聞かれているんですが
医師は生活を見て
いるわけではないので
患者側が言わない限り
実情がわかりません
例えば、ふだん
とても1人では
通院できず
常につきそって
もらっている人が
診察室には
1人で入るので
通院や外出が「できる」
と判断されたケースも
ありました
えっ!
ですから
正確な診断書を
書いてもらう
ためには
日々の生活状態を
しっかりと
伝える!
これが
大事です!

きょうこ…たぶん こういうこと 先生に言いたく ないと思うわ
どうして ですか？
悪くなってると 思われるのイヤ なんですって
クスリ増やさ れるかも しれないし
急に「お風呂も 入れません」 「食事もろくに とれません」とか 言いはじめたら 先生も心配しちゃう わよね…
実はおフロに入る 元気なくて 食事は いつも 親に 言われてなんとか
なんで?! 急に 悪化した の?!
なるほど…
本人が伝えにくい 場合は、ぜひ ご家族が伝えて さし上げて ください
うつ病などの 精神疾患は 客観的な数値が ないので日常生活 能力の判定がとても 大事なんです
ふだんから なるべく主治医に 生活の様子を話して おくことが大事 ですが
診断書記入の 参考として 日々の記録や メモを渡すのも 1つの手段です

郵便はがき

料金受取人払郵便

豊島局承認

4152

170-8780

053

差出有効期間
2020年2月
9日まで

●切手不要●

（受取人）
東京都豊島区南大塚3-12-4
(株)日本評論社
第二編集部 行

愛読者カード

※個人情報の取り扱いについて　お客さまの個人情報は、本書に関連するアフターサービス、新刊案内等をお送りするためにのみ利用させていただきます。※またアンケートのデータは表記の目的にのみ使用し、外部には流出いたしません。

ご住所				郵便番号	
フリガナ お名前					
電話	TEL FAX	性別	男・女	生年月日	T S H　年　月　日
職業					

マンガでわかる！　障害年金

●本書へのご意見・ご感想、著者への質問などをお聞かせ下さい。

●本書購入の動機（○をおつけ下さい）

A　新聞・雑誌の広告で（紙・誌名　　　　　　　　　　　　　　　　　　　）

B　書店の店頭で　　C　人にすすめられて

D　インターネットで

E　その他（　　　　　　　　　　　　　　　　　　　　　　　　　　　　　）

●装幀・価格について

装幀は（　よい　悪い　）　価格は（　高い　適当　安い　）

●お読みになりたい企画がありましたらお聞かせ下さい。

ご協力ありがとうございました。

先生にも急に悪くなったわけではないことを理解していただけるように説明して
できる限り正確な診断書を作成してもらってください
大変なのねぇ
大変ですが…
最初に慎重にやらないとあとでもっと大変なんです！
もし不支給になった場合審査請求(不服申し立て)をすることができますが
診断書等はあくまで最初の書類をベースに認定基準を満たしているはずだという根拠を申し立てるものです
審査請求
診断書 2級に該当
2級にちゃんと該当してます！
どれどれ
その他証拠
診断書 そもそも該当せず
2級ですってば！
ムリです
初回に出した書類がそもそも認定基準を満たしていなかったらダメなんです！
ゼロから請求をやり直すことはできますが…
かなり時間をロスするので、初回の書類は社労士に任せたいという方も多いんです
きょうこに任せておくとちゃんと伝えられなさそうだから…
私ががんばってみるわ
はい！

診断書は８種類あります

障害の状態に
合ったものを
選びましょう！

①**眼の障害**：白内障、緑内障、ブドウ膜炎、眼球萎縮、癒着性角膜白斑、網膜脈絡膜萎縮、網膜色素変性症など

②**聴覚、鼻腔機能、平衡機能、そしゃく・嚥下機能、言語機能の障害**：メニエール病、感音性難聴、突発性難聴、頭部外傷または音響外傷による内耳障害、薬物中毒による内耳障害、外傷性鼻科疾患、咽頭摘出術後遺症、上下顎欠損、失語症など

③**肢体の障害**：上肢または下肢の離断または切断障害、上肢または下肢の外傷性運動障害、脳卒中、脳軟化症、重症筋無力症、関節リウマチ、ビュルガー病、脊髄損傷、進行性筋ジストロフィー、変形性股関節症、脳脊髄液減少症など

④**精神の障害**：認知症、老年性精神病、脳動脈硬化症に伴う精神病、アルコール精神病、頭蓋内感染に伴う精神病、そううつ病、てんかん性精神病、統合失調症、自閉症、アスペルガー症候群、注意欠陥多動性障害、高次脳機能障害など

⑤**呼吸器疾患の障害**：肺結核、じん肺、気管支喘息、慢性気管支炎、膿胸、肺線維症、慢性呼吸不全、気管支拡張症など

⑥**循環器疾患の障害**：慢性心包炎、リウマチ性心包炎、慢性虚血性心疾患、冠状動脈硬化症、狭心症、心筋梗塞、僧帽弁閉鎖不全症、大動脈弁狭窄症、高血圧性心疾患、高血圧性腎疾患、（脳溢血による運動障害は除く）など

⑦**腎疾患、肝疾患、糖尿病の障害**：糖尿病性腎症、慢性腎炎、ネフローゼ症候群、慢性糸球体腎炎、慢性腎不全、肝硬変、多発性肝膿瘍、肝がん、糖尿病、糖尿病性と明示されたすべての合併症など

⑧**血液・造血器、その他の障害**：悪性新生物（がん）、再生不良性貧血、溶血性貧血、血小板減少性紫斑病、凝固因子欠乏症、白血病、悪性リンパ腫、多発性骨髄腫、ヒト免疫不全ウイルス感染症（HIV）、慢性疲労症候群、化学物質過敏症など

※上の表の病名だけで障害年金が認定されるわけではありません。

～平成29年度版障害年金マニュアルシート（株式会社 社会保険研究所発行）より

例えば糖尿病でも
合併症の神経障害から
歩くことが困難になった
場合は③肢体の診断書を
使用します
原則として
※神経症圏は
対象外です

※強迫性障害、適応障害、解離性障害、PTSD＝心的外傷後ストレス障害など→114ページを参照

10. 受給決定!

中石くんは会社近くの初診のクリニックで「受診状況等証明書」を作成してもらい

「病歴・就労状況等申立書」を代理で作成

明日にはきょうこと診断書を頼みに行くわ！
僕が行って説明しなくて大丈夫ですか？
大丈夫だと思うわ！先生は障害年金のこと知ってたし
そうだ！診断書ってお金がかかりますから用意しておいてくださいね
えっ… そうなの!? いくらくらい？
自由診療の範囲なので病院によってちがいますがだいたい１万円前後が多いようです

病院によってまちまちなので事前に聞いておくといいですよ
そうね…あんまり高くないといいけど
きょうこさんとお母さんは診断書を依頼
1万円だったわ!
数日後――
診断書を書いてもらったわ
これで大丈夫かしら?
ちゃんと現状が反映されていますね
大事な書類がそろったところで
コピー
これらの書類は必ずコピーをとっておきます
私は用意周到だからもうコピーしてきちゃったのよ!
10枚も!
じゃん!
そうなんですか!
こちらでもとらせていただきますね

あとは年金請求書を記入して…
印鑑・口座番号住民票などを用意して、年金事務所へ提出します
初診から約3年きょうこさんは障害年金の請求書類を提出
やっと請求できたわね〜
このあとはどうなるんですか？
3〜4ヶ月くらいで結果の通知が来ます
でも不支給になることだってあるのよね
認定基準は満たしているし書類も正確なので大丈夫だとは思うんですが
やだ〜3ヶ月落ちつかないわ
中石くんいろいろとありがとう
何かあったらいつでも言ってください
そして3ヶ月後…
社会保険労士事務所

ありがとうございます！
2級決定の年金証書が届きました！
きょうこさんのつらさが認められましたね！
中石くんのおかげよ〜〜〜ありがとう！
これで安心して治療に取り組めますね
あっ白川先生！
中石くんをこんなに立派に育ててくれた白川先生のおかげです〜〜〜
どうもありがとう！

※永久認定の場合は書いてありません

前回の提出から状態が変わっていないのに軽い症状の診断書だったら等級が下がったり支給が停止してしまいます
診断書は更新の時もしっかり書いてもらうことが大事です
そうね…治ってないのに支給停止は困るわ
気をつけなきゃ
メモ
メモ
その時までに治っていればいいんですけど…
あら！きょうこそんなにあせって治すつもり!?
あわてることないわよ！
何かあったらいつでも相談してくださいね
はい！
中石さん白川さん
本当にありがとうございました
私…働けてないってことにすごく負い目を感じていたんです

病気になった自分を受け入れることもできなくて
社会の中で何もできていない私はダメな人間だ！って…
だけどこうして障害年金を受けられることになって
少しずつ、ゆっくり治していけばいいんだって思えるようになりました
先の見えないトンネルをずっと歩いていて…
やっと少し光が見えたような気がします…
つかれた？
うん
家でゆっくり休もうね
ケーキでも買って帰るか！
中石くんよかったわね
はい！

Part 2

疾病別に見てみよう!

交通外傷――生活保護との違いは?

クギで固定する
手術を受け
4ヶ月後に退院
足はほとんど
動かせない
ままでした
後遺症は
残るかも
しれませんが…
リハビリを
続ければ自力で
歩けるようになる
可能性はあります
本当
ですか!?
会社は小規模なベンチャー企業で
いずれ独立しようと
思っていたため――
退職してリハビリに
専念しました
1年間のリハビリを経て
装具と杖をつけば歩けるように
なりましたが、日常生活には
かなり支障が残りました
休日の事故
だったから労災
の対象には
ならなかった
今はなんでも
インターネット
でできる時代だ
自分でできる
仕事始めよう

ネット上での仕事をフリーで始めたものの収入は不安定
そんな時障害年金のことを知りました
事故から2年後――社労士に相談
そうですか…傷病手当金も終了し現在は月収約7万円ということですね
高齢の両親には頼れないし…障害年金は生活保護とは違って収入や貯金があっても受給できると聞きました
その通りです
本当は…そういう援助に頼るのはイヤなんです…
しかも〝障害〟年金って…自分が障害者になったという現実を突きつけられたみたいですごく抵抗があるんです…
でも貯金を切り崩していくのはキツくなって…
たしかに〝障害〟年金という名称に抵抗がある方はいらっしゃいます

※20歳前障害の人は保険料を納める必要はありません

※1 仕事の状況が等級に影響することはあります
※2 20歳前傷病の場合は所得制限があります

ただし、診断書を書いていただく時は気をつけてください
杖と装具でゆっくりなら歩行可能とのことですが
診断書では杖や装具を使用しない状態で判断することになっているので間違って「歩行可能」とされたりしないようにしっかり伝えてください
わかりました！
Nさんは障害年金を請求し――
2級
肢体の障害で2級が決定しました
生活保護と障害年金ってそういう違いがあるんですね
でも…実際にはNさんのように働けるとは限らないし生活保護に頼らざるを得ないこともありますよね
そうですね…
やむを得ない場合は障害年金に加えて生活保護からの扶助を受けることは可能です

※労災の年金や休業給付が減額されます

交通事故などの場合、相手側から支払われる損害賠償額により調整される場合があります

コラム

交通事故

後遺症で苦しむ方へ「障害年金は症状固定したから終了」ではありません

「あの事故にさえ遭わなかったら……」と涙される方に今まで何人お会いしたことでしょう。交通事故の場合には（自損事故を除き）相手がいるため、長期的な補償問題が生じることが特徴です。損害賠償請求や裁判など、今までの人生で経験のないことばかりです。

「疼痛が続いているのに、保険会社からの治療費を打ち切られた」「検査の結果で異常が出なかったため、仮病だと怒鳴られた」など、身体の苦痛に追い打ちをかけるように、心まで傷ついている方が少なくありません。裁判で弁護士が懸命に闘ってくれたとしても、訴訟は何年もかかることもあるため、不安と背中合わせの中、お金が尽きて治療も受けられないという方もいらっしゃいます。「仕事を失い、相手を憎み、保険会社を恨み、治療費もない……私の人生は真っ暗です」と話された数ケ月後、自ら命を落とされた方の言葉が忘れられません。障害年金のことを知らなかったため、請求していなかった方が後を絶たないのです。

今からでも受けられる可能性があります。相手方から損害賠償金（生活補償相当額）や労災保険からの給付を受けている場合には、一部は返還することもありますが、ぜひ障害年金の可能性を調べてください！

障害年金は民間の保険会社の治療費のように、症状固定したから終了、ということはありません。一度認められれば、更新のたびに診断書を提出する必要はありますが、障害の程度が一定以上であれば長期的に生活を守ってくれるのです。最近は、弁護士と社会保険労務士が協力して味方になってくれることもあります。「家族のお荷物、生きている意味がない……」と自分を責める前に、もう一歩頑張って踏み出してほしいと思います。

双極性感情障害 —— 医師に本当の状態は伝わりにくい!?

双極性感情障害の方の例です
30代 S子さん
結婚して専業主婦をしていましたがある日突然——
ねぇ! 私、カフェやる!
はぁ!? カフェ?
どうしたんだ急に!
お店始めるのよ!
見て! 参考になる本買ってきたの
こういうカフェ開きたいの
店? カフェ? そんなこと今まで1度も…
何よ! 今まで「働いてみれば」とか言ってきたくせに今さら、なぜ反対するの!?
飲食店での経験は学生時代のアルバイトのみ
当然、家族は反対しました
家族なのになんでわかってくれないの!
いいわよ!
銀行に融資頼むから!
銀行
申し訳ありませんが…
返済計画も明確ではありませんし
この事業計画では開店は難しいかと…

バカにしないでください!
わーっ
どうせ素人《シロウト》なんて相手にしてくれないのよね、銀行は!
銀行でもめて家でも暴れ…
なんでみんな私のジャマをするのよー!!
ガシャーン
S子さんはこの頃から躁状態であったと思われます
なんだコレ!?
カードで買ったわ!
カフェに必要なものなんだから!
冗談だろ!? すぐに返品してくれよ!
うるさい! あなたまで私のことバカにして!
夫はなんとかなだめて過ごしていましたが…
ピロン
死ね死ね死
死ね死
遂に――
病気なのではないかと思いはじめました――

なんとか説得して病院へ――
私は病気じゃないって言ってるでしょ!?
薬、出しておきますから週に1回、来てください
少しは落ち着いたかと思える時もありましたが――
その後も家族に暴言や八つ当たりを繰り返し――
カードの請求が…
そんなに払えるワケない! なぜ止めてくれなかったのよ!
¥400,000
あなたのせいよ!
夫は次第に疲弊していきました…
数ヶ月後――
今度はうつ期に入り、布団から出られなくなりました
今日も食事に手をつけてないね
せめて水は飲んでくれよ… 死んじゃうよ…
ブツブツ
つらい… 生きてたって… しょうがない… 私なんて…
パートの帰りに毎日寄るわ
母
お願いします
そんな状態が3ヶ月ほど続き――

その後、やっと久しぶりに自分で病院に行けるようになりましたが――
ダラダラ寝てるのも良くないからね
気分が良い時はなるべく外出するようにね
わーん
好きでダラダラ寝てるんじゃないんです～～
先生も助けてくれないんですね～～～!!
医師が信頼できないと言って転院
今度は躁状態になり病院が気に入らないと転院を繰り返しました
4番目の病院で――
双極性感情障害です
入院して治療するほうがよいかと…
イヤです！入院は絶対しません！
その後も無気力になり布団から出られないうつ状態と
家族に激しく攻撃する躁状態を繰り返し――
夫とは離婚――
実家へ帰りました

障害年金を知り相談に来た時には初診から3年ほど経っていました――
先生、私本当につらい思いをして来たんです！
今までの経緯を伺うと、受給の可能性がありそうですが…
お医者様にはうつ期と躁期の両方の状態をきちんとわかっていただいていますか？
うつの時は起きるのがつらくて食欲がないって伝えてます
うーん…それだけだと…
うつ期がどれだけ大変なのか、先生に伝わっていないかもしれません
タイミングとしてはうつ期の状態もしっかり診ていただいた上で診断書をお願いしたほうが好ましいと思います
悪くなるまで待つの!? そんなのあんまりだわ！
わああ
そういうわけではないのですが…

病状に波がある場合は
それがどの程度なのか
なかなか伝わりにくい
ものなんです
躁とうつの状態を
きちんと診ていただく
ことも大事です
しばらく様子をみて
うつ期に病院に
行ってもらうことに――
この状態
診てもら
いに
行こう
つらい…
おフロ入れ
ない…
私がついてるから
大丈夫よ！
病院
えっ
誰!?
まさか
S子さん!?
外に出るの
怖い…
周りから
責められるし
消えたい…
生きてる
意味ないん
です…
うつの時が
ここまでひどかった
なんて…
今まで
大変
だったん
だね…
S子さんは
診断書を書いてもらい
2級を受給することが
できました――
白川先生
ありがとう…
本当につらかった
からうれしい…
2級

医師は短い診療時間の中でしか判断できませんから
ふだんの様子や本当のつらさは患者が思うほど伝わっていないこともあります
確かにそうですよね…
でも…実際本当につらい時って病院にも行けないいんですよね…
妹が言ってたんですけど…病院に行く時は緊張するので先生と思うように話すのはすごく難しいそうです
そうですよね…
調子の良い時しか来られないということも、きちんと医師に伝えるといいですね
家族も協力してコミュニケーションをしっかりとって、話しやすい雰囲気を作っておくといいと思います
行けない時の様子を記録しておいて医師に見せるのもいいと思います
診断書を依頼する際にも参考になります
通院日○/×
○月×日
少し気分が悪く
そうですね…がんばって伝えてみます!

コラム

神経症圏の疾患

原則対象外ですが、認められることもあります

不安障害、パニック障害、強迫性障害、適応障害、解離性障害などは神経症圏の病気です。ＩＣＤ－10という国際疾病分類があり、統合失調症や躁うつ病は〈精神病〉として分類され、年金の対象となっているのですが、神経症と呼ばれるグループに入っている疾患は原則として障害年金の対象外です。

強烈なショック、悲しみ、ストレスが心の深い傷となって発症する「心的外傷後ストレス障害：ＰＴＳＤ」も神経症のグループに入ります。不安、不眠、抑うつ状態、倦怠感、フラッシュバック、失語症などが重症化して、日常生活がスムーズにできなかったり仕事も手につかない状態が長期間続いても、障害年金の対象外なのです。

過去に起こった深く悲しい出来事や震災等から長期間経過した現在でも、ＰＴＳＤで今もなお辛い思いをされている方は多くいることでしょう。

では神経症圏の診断を受けたという理由で年金の請求を諦めるしかないのでしょうか。

認定基準には

「神経症にあっては、その症状が長期間持続し、一見重症なものであっても、原則として、認定の対象とならない。ただし、その臨床症状から判断して、**精神病の病態を示しているもの**については、統合失調症又は気分（感情）障害に準じて取り扱う。なお、認定に当たっては、精神病の病態がＩＣＤ－10による病態区分のどの区分に属す病態であるかを考慮し判断すること」と記載されています。

・うつ病や統合失調症に相当するような薬物療法等の治療を受けた
・治療は受けたが、症状は改善しない
・傷病名はPTSDだが、病気の状態は精神病グループと同様に重症だ
・うつ病や統合失調症に相当する状態が続いている

といった状態であると医師が認めた場合、しっかりと診断書に明記してもらうことで年金が受給できる可能性が出てくるのです。

この点を皆さんが知らずにいると、不支給等になった際にどうしたらいいのか分からないと途方に暮れ、そのまま放置されるケースが増えるのではないかと懸念しています。

もし、不支給決定通知書等の残念な結果が届いたら、そこに書かれている理由を確認しましょう。理由がわかったら、①不服申し立て（審査請求）をする②書類を揃え直して、もう1度請求手続きを1からやり直す等、個別の判断になります。

年金事務所に確認したり、「障害状態認定調書」等を厚生労働省から取り寄せて具体的な理由を探ることもできます（年金局事業企画課情報公開係　電話03−5253−1111）。

障害年金を請求するにあたっては、いくつもの壁がありますが、認定基準を理解し、ポイントをおさえることによって、受給の可能性が広がることを忘れないでいただきたいのです。

【家族会】
■公益社団法人 全国精神保健福祉会連合会（みんなねっと）
電話 03−6907−9211

統合失調症――初診日がわからない!!

仕事も家事もできず、夫がすべてすることに…
買い物行ってくるよ
あなた気をつけて！
警察に見張られてるんだから！
テレビはつけないでって言ってるでしょ!?
あのアナウンサーは私の悪口を言うのよ！
ご主人が疲れた様子で相談に来られました
ご近所ともうまくいかないし…
私も仕事と家事と妻の世話でもう限界です…
10年ほど前から何度も年金の手続きをしようとしたんですが…
初診日が証明できないので請求できなくて…
そうですか…
通院歴を伺ってみると過去に何度も病院側とケンカをし、転院
転院はこれまで20ヵ所以上とのことでした…

一番最初に精神科に行ったのはいつ頃ですか？
義母が言うには高校生の時、不安定になり通院したと…
その時からずっと継続的に通院していますか？
そうです…でも通院が途切れたり別の病名がつけられたりもしてますけど…
そうすると、やはり初診日は高校生の時になりますね
30年も前ですので一応、その時の病院に聞きましたがカルテはなかったです
Tさんの母親に話を聞くと
高校2年の時に授業中に突然、奇声をあげたんです
他にも物が盗まれたと騒ぎを起こしたり…
担任のA先生がすごく良い先生で心配してくれて
B総合病院を紹介してくれて一緒に行ってくれたこともありました…
Tさんは高校2年から卒業までの間月に1回、午前中に受診してから学校に行っていたとのことでした――

やはり初診日はそこになります
もう1度B総合病院に聞いてみましょう！
えっ…でもカルテはないんですよ…
何か他に証拠になるものが出てくるかもしれません
B総合病院で受診に関する他の書類を調べてもらったところ――
B総合病院
受診受付簿にTさんの最終受診日が残っていたのです！
あっ！
ここに名前が！
本当だわ！
通院していた証拠ですね！
でも…受診科目が書いてないので…
どの科にかかってたのかわからないわ
そんな…
せっかく証拠も見つけたのに…
それならば「第三者証明」を取ってみましょう！

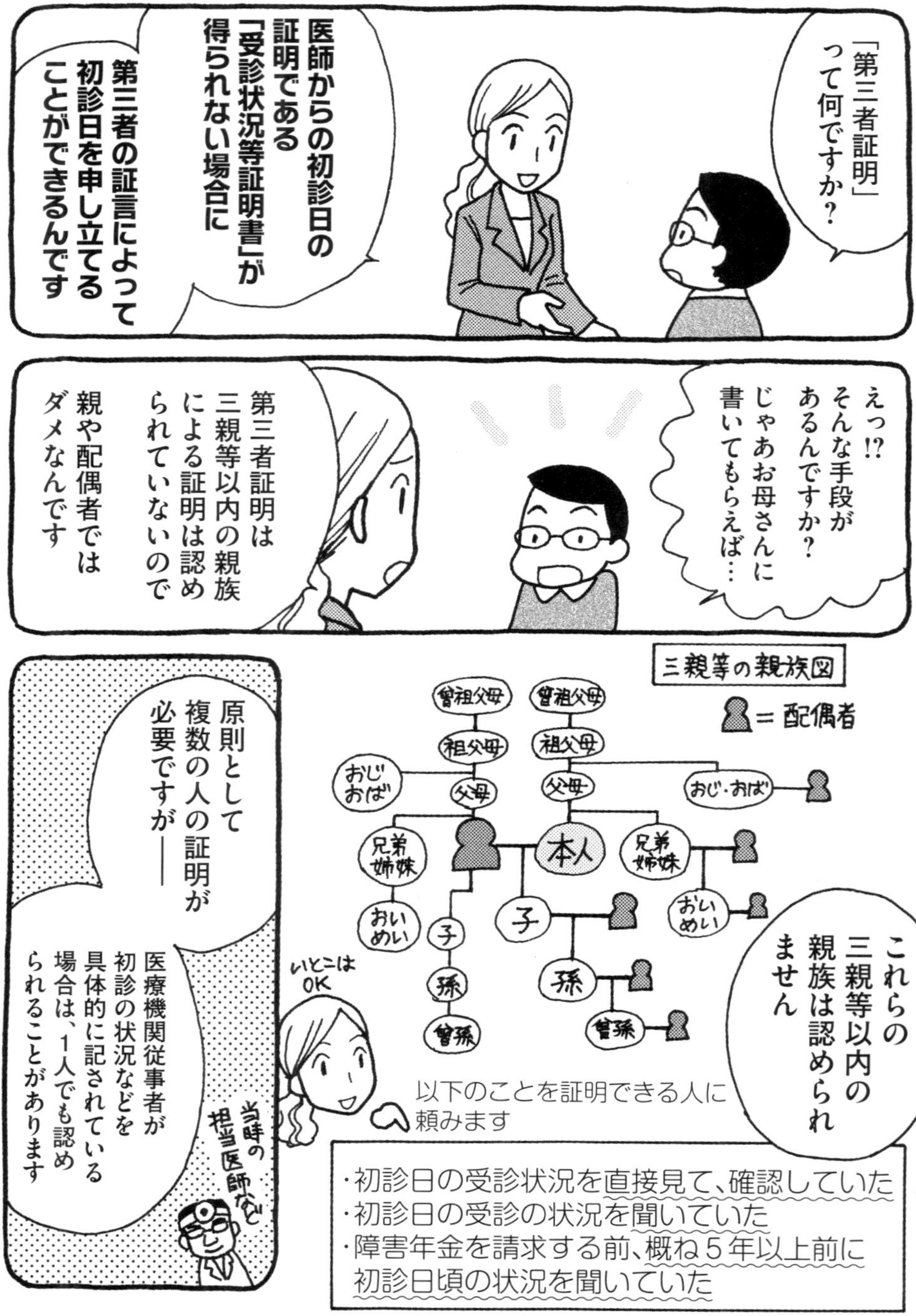

「第三者証明」って何ですか？
医師からの初診日の証明である「受診状況等証明書」が得られない場合に
第三者の証言によって初診日を申し立てることができるんです
えっ!? そんな手段があるんですか？ じゃあお母さんに書いてもらえば…
第三者証明は三親等以内の親族による証明は認められていないので
親や配偶者ではダメなんです
三親等の親族図
＝配偶者
曾祖父母
曾祖父母
祖父母
祖父母
おじ おば
父母
父母
おじ・おば
兄弟姉妹
本人
兄弟姉妹
おいめい
子
子
おいめい
孫
孫
曾孫
曾孫
これらの三親等以内の親族は認められません
原則として複数の人の証明が必要ですが——
医療機関従事者が初診の状況などを具体的に記されている場合は、1人でも認められることがあります
当時の担当医師など
いとこはOK
以下のことを証明できる人に頼みます
・初診日の受診状況を直接見て、確認していた
・初診日の受診の状況を聞いていた
・障害年金を請求する前、概ね5年以上前に初診日頃の状況を聞いていた

元担任のA先生が事情をよく知っていそうなので
A先生を探しましょう!
私立の高校だったので転勤は少ないと思われたので、すぐに連絡しました
A先生はそちらにおられますか?
A先生? あぁ… 今はおりません
いない? 退職されたってことかな…
そうですか… A先生にお話したいことがあったのですが…
それではA先生にお手紙をお渡しいただけないでしょうか?
お世話になった卒業生のことでどうしてもお伝えしたいことがありまして——
A先生あてに詳しく事情を説明した手紙を書き——
学校に託しました
A先生
A先生… きっと退職されたんですね
手紙も届くかどうか…
今はとにかく待ちましょう!

5日後——
プルルル
はい
白川社会保険
労務士事務所…
…えっ!?
A先生
ですか!
Tさんのことは
よく覚えて
いますよ!
懐かしいなぁ
絵が上手な
子でね
通院で
遅刻した時は
必ず私の
ところへ報告
しにきて
くれて
その後
どうしてるか
気になって
いたんですよ
ご連絡、本当に
ありがとう
ございます…
先生の証明が
Tさんの人生の
大きな支えに
なります
A先生は
授業中に大声を
あげたことや
B総合病院の精神科
を紹介したこと
Tさんから診断書を
預って学校に提出したこと
無事に卒業を迎えて
お母さんと泣いて喜んだ
ことなど、とてもよく
覚えていらっしゃいました

これらのことを書類に書いてくださり
申立書を作成することができました
第三者証明)
そして主治医に診断書を依頼――
すべての書類がそろいました
請求の結果――
2級に決定
よかったですね！
ありがとうございます…
これで私もまた妻を支えて生きていけます…
第三者証明は原則として複数の人の証明が必要とされているのですが――
Tさんの件はA先生が担任という信頼度の高い立場だったため
証言が1人でも認められました

カルテの保存期限は5年と定められているので発症から何十年も経つと医師の証明が難しくなりますが――
お薬手帳
診察券
入院記録
医師の証明書が取得できない場合様々な代わりの資料によって初診日を申し立てることができます
その場合は「受診状況等証明書が添付できない申立書」に左記のような参考資料を添えて提出します
①身体障害者手帳・精神障害者保健福祉手帳・療育手帳
②身体障害者手帳・精神障害者保健福祉手帳の申請時の診断書
③インフォームド・コンセントによる医療情報サマリー
④次の受診医療機関への紹介状
⑤電子カルテ等の記録
（氏名、日付、診療料等が印刷されたもの）
⑥お薬手帳、糖尿病手帳、領収書、診察券
⑦第三者証明
あきらめないでっ!
ご紹介した例のように第三者の証言も証明となりますし
たとえカルテがなくても根気よく証明できそうな資料を探してみてください！
次にカルテでは初診日が証明できない時に証明するための書類を詳しくまとめておきます

初診日の受診状況等証明書が提出できないときに資料となるもの

●身体障害者手帳・療育手帳・精神障害者保健福祉手帳

●上記手帳等の申請時の診断書

●生命保険・損害保険・労災保険の給付申請時の診断書

●事業所等の健康診断の記録

●母子健康手帳

●健康保険の給付記録（レセプトも含む）

●お薬手帳・糖尿病手帳・領収書・診察券（可能な限り診察日や診療科が分かるもの）

●小学校・中学校等の健康診断の記録や成績通知表

●盲学校・ろう学校の在学証明・卒業証書

●第三者証明

●交通事故証明

●インフォームド・コンセントによる医療情報サマリー（診療や治療経過を要約したもの）

●次の受診医療機関への紹介状

●電子カルテ等の記録（氏名・日付・傷病名・診療科等が印刷されたもの）

●交通事故や労災事故などのことが掲載されている新聞記事

これらが資料になりますのでぜひ探してみてください！

※191ページ参照

これらの資料を『受診状況等証明書が添付できない申立書』に添えて提出します

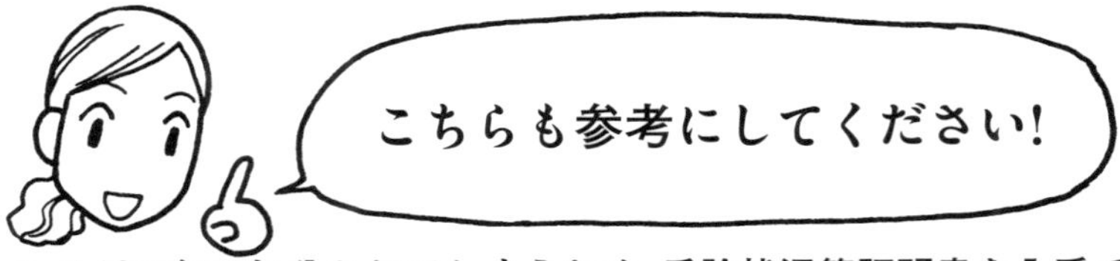
こちらも参考にしてください!

カルテが５年で処分されてしまうため、受診状況等証明書を入手できない方を救済するために、2015年10月に改正がありました。
受診状況等証明書の代わりに以下のものを提出すれば認められる可能性があります。

受診病院の
医療者の証言は
１人でもＯＫ

①第三者証明

20歳以降	第三者証明複数＋資料
20歳前	第三者証明複数のみでも可

- 原則２人以上で、３親等以内の親族は認められない
- 初診の時期、医療機関名、診療科、症状の経過、受診時の状況などの情報が必要

②初診日が一定の期間内にあることを証明

- 具体的な初診日の特定はできなくても、年金制度に継続して加入し、どの時点でも納付要件を満たしていれば本人申し立ての初診日が認められることがあります。

（例）

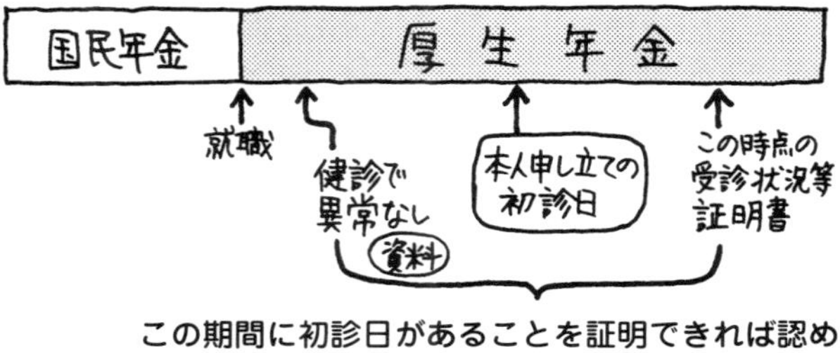
国民年金
厚生年金
就職
健診で
異常なし
資料
本人申し立ての
初診日
この時点の
受診状況等
証明書

この期間に初診日があることを証明できれば認められる

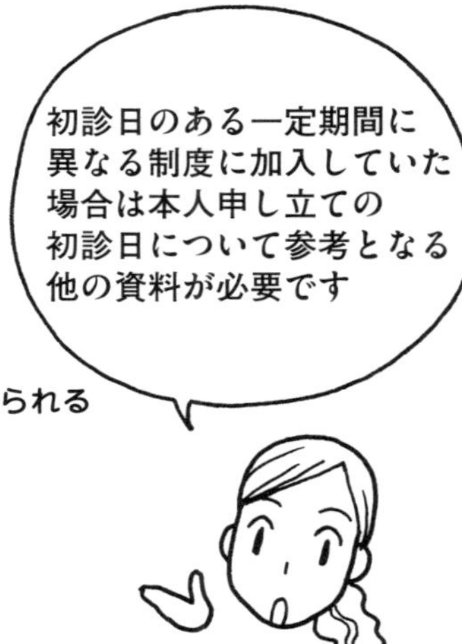
初診日のある一定期間に
異なる制度に加入していた
場合は本人申し立ての
初診日について参考となる
他の資料が必要です

③その他

- ５年以上前の診療録に、初診の時期や病院等の情報が残っている場合には書かれている初診は状況を信ぴょう性のあるものと判断されます。
- 精神科や耳鼻科など専門の診療科目が確認できる診察券は、日付が書かれていれば参考資料になることがあります。
- 健診日は原則として初診日になりませんが、「即治療が必要」と医学的に認められる健診結果と本人の申し立てで、初診と認められる場合があります。

発達障害でも受給できる？

最近多いのは
大人になってから二次的にうつ病などを発症し「初めて発達障害に気がついた」というケースです
障害年金では発達障害に加えて二次的障害のうつ病などとあわせて請求する場合が多いです
アスペルガー症候群とうつ病で認定された方の例を紹介します
Hさん　40代後半
うつ病で通院開始し半年後に検査でアスペルガー症候群と診断される
診断書など書類は全部できています
今すぐ手続きして下さい！
幼少時は幼稚園に継続して通うのが難しく
家での1人遊びが好きでした
小学校に入学すると集団行動が苦手で「周りに合わせる」ことができませんでした
よくケンカになり「落ち着きのない子」と言われていました

中学校に入ると落ち着いてきましたが――
1人でいたほうが気が楽で、学校生活は息がつまるものでした
高校でも集団行動が苦痛で学校を休みがちになり、不登校に…
浪人して大学へ行き
卒業後は就職したものの
お客様顔のホクロがすごいですね
取引先の社長だぞ!?
「空気を読む」ことができず場ちがいなことをしてしまい、会社はクビになり…
両親の知り合いの会社へ入社――
これをコピーしてきて
はい！
なんでサイズを確認しないの!? 端が切れてるじゃない！
裏もあるのよ!?
はぁ…
言われたことをそのままにしか理解できないため
ことあるごとにひどく叱責されました――

僕はどうしていつも叱られるんだろう?
言われたことをちゃんとやっているのに…
ある日、会社に監査が入り皆がピリピリしていた時――
ごっ…ご苦労様です!
おい、お前車でも洗ってこい!
はい
自宅に帰って自分の車を洗い会社に戻って完了したと報告
え? でも部長はどの車かとは…
誰が自分の車を洗いに帰れと言った!
社用車だよ!わかるだろそのくらいー!!
場をわきまえることができず上司の失敗を笑ったり――
臨機応変な態度が取れなかったり抽象的な言葉が理解できなかったり
2つのことを同時に頼まれるとパニックになることもありました
Hさん…天然のレベルを超えてますよね
ホント困るんですけど
まったくだよ!

自分が疎外
されているとは
感じていましたが
なぜ自分が人を
怒らせてしまうのか
まったくわかり
ませんでした
Hさんは
不眠や不安などの
症状に悩まされる
ようになりました
昇格試験には
合格したものの
昇格はせず、苦手な
部署に配置され——
君はテストは
通ったけれど…
対人関係に問題が
ありすぎるんだよ…
Hさんは
うつ病を発症
2ヶ月の休職と
なりました
その後復帰するも
職場では1人
浮いてしまい…
自信を失い
気分の落ち込み
が続きました
うつの症状が悪化し
再び休職を余儀なく
されました

この頃、初めて自分は発達障害であったと知ったのです
アスペルガー症候群なんですか？ 僕…
上司のすすめで精神障害者保健福祉手帳を取得すると障害者雇用とされました
おとなしく座っててくれ！
復帰しても仕事は与えられず
職場へ行けたり行けなかったりの日々が続きました…
職場での対人関係以外での日常生活では――
パソコンに極端な興味を示し
貯金がなくなるまでお金を費やしたり
牛丼屋
ごはんは白だけで！
こだわりがかなり強く偏食がある
どうして出ないんですか！
夜中よ！
思いたったらやりとげないと気がすまない…
――などの症状がありました
Hさんは最初は3級でしたがその後うつの症状が悪化したので額改定請求をして2級になりました
うつ病などの症状がなくて発達障害だけの場合はどうですか？
その場合も可能です

発達障害そのものの症状でどれだけ日常生活に制限を受けているかがポイントになります
どの程度の症状だと認定されるんですか?
それが…個人によって千差万別で難しいんです
うーん
同じ症状でもうまく対処できて就労など困難なくできていれば対象外ですし…
1つの例として発達障害で2級に認定されたBさんにはこんな症状がありました
短大へ進学・就職後
・仕事でミスが目立つ
・複数の人と会話ができない
・状況が理解・説明できない
・1度言われただけでは理解できず、何度も聞き返してトラブルになることが多い
幼少時
・周りになじめない
・人と視線を合わせられない
・音※に対して過敏
・季節に合った服装ができない
・中学~高校では友達ができず孤立
・1つの作業しかこなせない
・集中力がすぐに途切れてしまう
・片付けが苦手
・手間のかかる料理がまったくできない
・臨機応変な対応がなかなかできない
※2016年9月から臭気、光、音、気温などの感覚過敏が考慮すべき要素となりました

発達障害だけでなく精神障害全般に言えることなのですが…
日常生活の支障にはかなり個人差があり――
A医師
できる
B医師
できない
診断も医師のとらえ方によるところが大きいのです
症状をよく理解してくれる医師にかかりたいですね
やっぱり精神科の中でも専門の医師に診てもらうほうがいいのかな…
診断書をお願いする際本人が支障に気がついていない場合もあるので
日常生活を知る家族がしっかりと様子を伝えられるといいですね
なるほど！そうですね
幼少からの発育・養育歴なども詳しく記入して下さいね
日常生活能力などと併せて総合的に判断されます
病歴・就労状況等申立書
知的障害を伴わない発達障害の場合はその症状で受診した日が初診日になります

コラム

耳・眼

障害年金の請求漏れの多い疾患

片眼の視力（片耳の聴力）を失った方から、障害年金を受けられるのかを聞かれることがあります。

まず大切なのが、障害の原因となった傷病の初診日です。その日に加入していた年金制度が国民年金ならば年金は受けることができません。理由は、片眼の障害の場合には2級以上にはならないからです。一方、厚生年金ならば、条件が揃えば「障害手当金」※を受けられる方がいます。その条件とは加入要件・納付要件に加えて4つあります。

①片眼の視力が0.1以下
・屈折異常のある方は矯正視力
・片耳の聴覚障害の場合は、片耳の平均純音聴力のレベル値が80デシベル以上
②初診日が厚生年金
③初診日から5年以内に症状固定
④症状固定から5年を経過していない

障害手当金は、年金ではなく一時金です。金額は障害年金3級の2年分ですから、100万円を超えます。ただし症状固定をした日から5年を経過すると時効となり、受けられなくなるのでご注意ください。

ヒトの情報獲得は「目が8割、耳が2割」と言われます。視覚障害・聴覚障害の方の場合、情報を得ることが難しいために、制度を知らなかったり、手続きを挫折することがあります。周りの方々が気付いた場合には、ぜひご本人へ情報をお届けください。

※症状固定していない方は、条件が揃えば障害手当金ではなく、障害厚生年金3級を受けられることがあります。ただし、その後、更新時に症状固定と判断された時には受けられなくなります。

知的障害 —— 軽度でも受けられる?

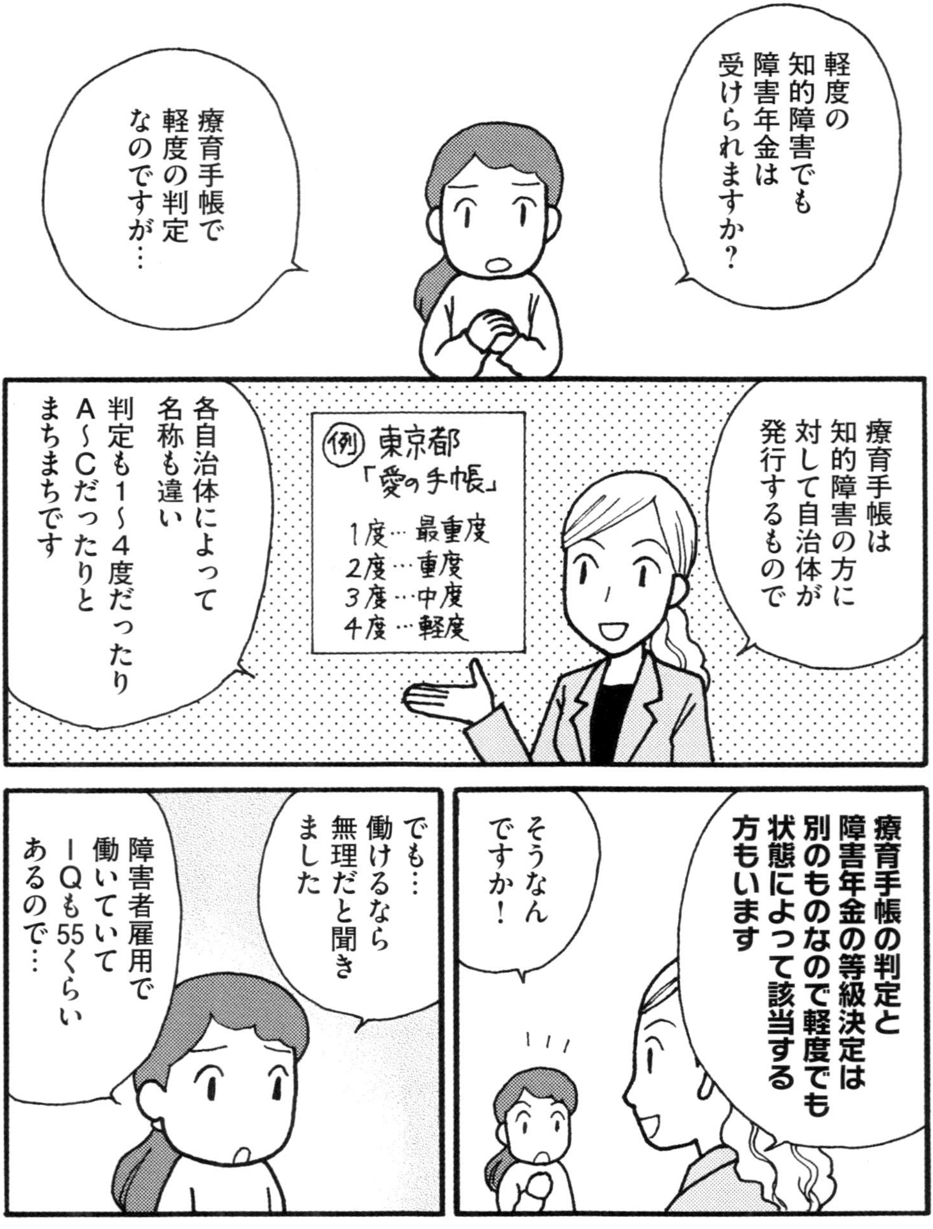

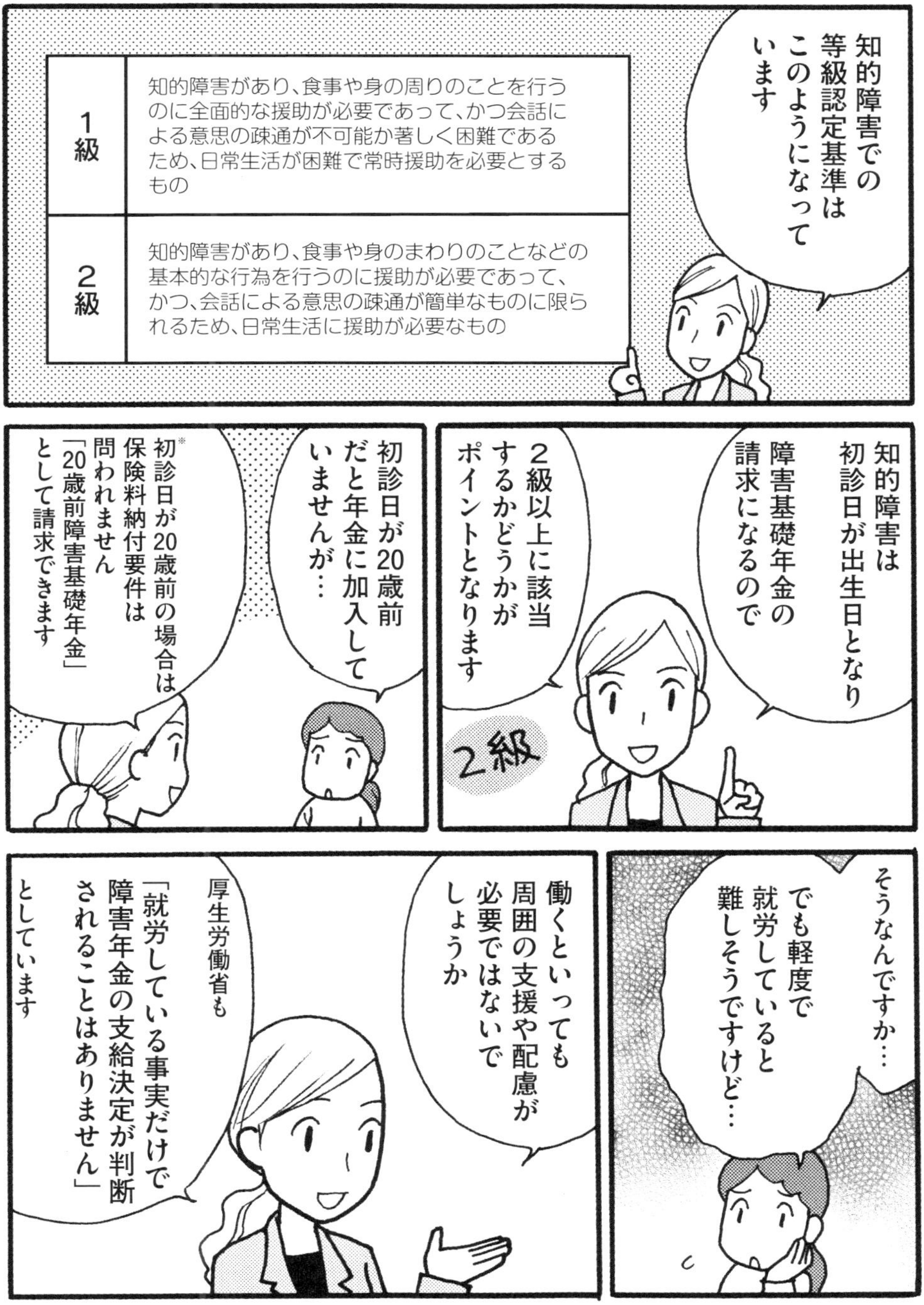
知的障害での等級認定基準はこのようになっています
1級
知的障害があり、食事や身の周りのことを行うのに全面的な援助が必要であって、かつ会話による意思の疎通が不可能か著しく困難であるため、日常生活が困難で常時援助を必要とするもの
2級
知的障害があり、食事や身のまわりのことなどの基本的な行為を行うのに援助が必要であって、かつ、会話による意思の疎通が簡単なものに限られるため、日常生活に援助が必要なもの
知的障害は初診日が出生日となり障害基礎年金の請求になるので
2級以上に該当するかどうかがポイントとなります
2級
初診日が20歳前だと年金に加入していませんが…
※初診日が20歳前の場合は保険料納付要件は問われません「20歳前障害基礎年金」として請求できます
そうなんですか…
でも軽度で就労していると難しそうですけど…
働くといっても周囲の支援や配慮が必要ではないでしょうか
厚生労働省も「就労している事実だけで障害年金の支給決定が判断されることはありません」としています

※詳しくは145ページ

働いているといっても
「どのような仕事内容」か
「どのくらい援助を
受けながら」なのかは
人それぞれですし
ごく簡単な単純作業
職場まではつきそいが必要
「就労しているからダメ」
「知能指数がいくつ以上
だとダメ」ということ
ではありません
日常生活への適応能力
を見た上で、総合的に
判断されるんです
そうなんですね！
軽度かつ就労して
いると受けられない
と思い込んで
おられるようで
該当していても
手続きしていない方が
多いように感じます
大人になって
かなり経過してから
２級に決定した方の
例を紹介します
40代　Dさん
ＩＱ56
就労移行支援に
通っており、お母様と
相談に来られました
役所では
軽度ではムリと
言われましたが
周りで受給して
いる人の話を
聞いたんですが…

幼少期から言葉の遅れが目立ち
療育手帳は5歳で取得
ほらワンワンだよー
ワンワン！
……
小学校は普通学級に入れたものの、授業が理解できず
オマエ字書けないのかよ！
特別支援学級のある小学校へ転校――
その後は特別支援学校の中等部・高等部へ通い常に親が付き添いました
高校卒業後は学校からの紹介で障害者雇用で就職
とても簡単な単純作業なので
時間をかけてやるうちにできるようになったので喜んでいたのですが
ある日、帰宅するともう行きたくないと言い――
怖い
仕事は行かない
どうしたの？何か仕事でいやなことがあるの？
Rさん怖い

本人が状況を説明できないので職場の人に聞いてみるとひどい対応をされていることが判明しました
Rさんが「お前は遅い」とか「役に立たない」とかひどいことを言っていて…
Dさんの荷物をゴミ箱に捨てて…
娘は自分がいじめられているということは理解できたので──
退職後も「外に出るといじめる人がいるから怖い」と言って家に引きこもり続け10年くらいずっとそんな感じでした
たまたま見つけた就労移行支援で親切な職員の方に出会えたので
少しずつまた通っているところです
今まで知的障害での通院はしていましたか？
いいえ…療育手帳は児童相談所で取ったので特別には…
請求には医師の診断書が必要なのでまずは病院にかかる必要がありますね
その上で医師に伝えるポイントをまとめましょう

少し質問したいのですが
Dさんが自分自身で食事をすることはできますか？
ええ！器用ではありませんが
ちゃんと全部食べてくれます
それはお母様が決められた量を時間になったら出す場合ですね
1人だったらどうでしょう
定時に自分で何を食べればよいか考えて食事はとれますか？
えっ⁉
そういうことだったら…ムリです
何をどれだけ食べればいいかの判断はできませんから…
それだと「できる」ではなく「助言や指導が必要」ということになりませんか？
……
次に読み書きはできますか？
計算やかけ算などは？
えっ⁉
どうしてそんなことばっかり聞くんですか⁉
もちろん娘はできないことはいろいろあるけど
周りに助けてもらいながらがんばっているんですよ！

お気を悪くされたら申し訳ありません
精神の診断書の「日常生活能力の判定」のところを見て下さい
2 日常生活能力の判定（該当するものにチェックしてください。）
4段階ありますがここは等級決定の大事なポイントなんです
ここでの「できる」というのは「1人で暮らしても障害がない人とまったく同じ程度にできる」という意味で
それだと特に困難や支障はないとみなされてしまいます
障害年金の請求では何が「できない」かを伝えなければならないんです
そうなんですか…
今までずっと…当たり前に世話してきたから
私がいないと何が「できない」かなんて考えたことなかったわ…
そうですね…難しいとは思うんですが
娘さんがもし1人暮らしだったらと仮定して考えてみて下さい
はい…

判定平均＼程度	(5)	(4)	(3)	(2)	(1)
3.5以上	1級	1級又は2級			
3.0以上3.5未満	1級又は2級	2級	2級		
2.5以上3.0未満		2級	2級又は3級		
2.0以上2.5未満		2級	2級又は3級	3級又は3級非該当	
1.5以上2.0未満			3級	3級又は3級非該当	
1.5未満				3級非該当	3級非該当

この判定のためには「できないこと」を見ていくわけですよね
ちょっとつらいですけど…
そうですね… 書類で聞かれていることに正しく答えるためと割り切りましょう
知的障害は児童相談所などで療育手帳を取得してしまうと、病院への通院はしていないことが多いんです
療育手帳
成人になって通院もなく療育手帳も取っておらず、あきらめてしまう方もいます
でも障害年金は65歳まで請求の権利があるので
困難な状況にある方は可能性を探って下さい！
障害年金は20歳から受給権がありますので
該当するお子さんがいらっしゃる場合には病院にかかっておくなど準備しておくと良いでしょう
受給権は20歳から

20歳前障害による請求の場合

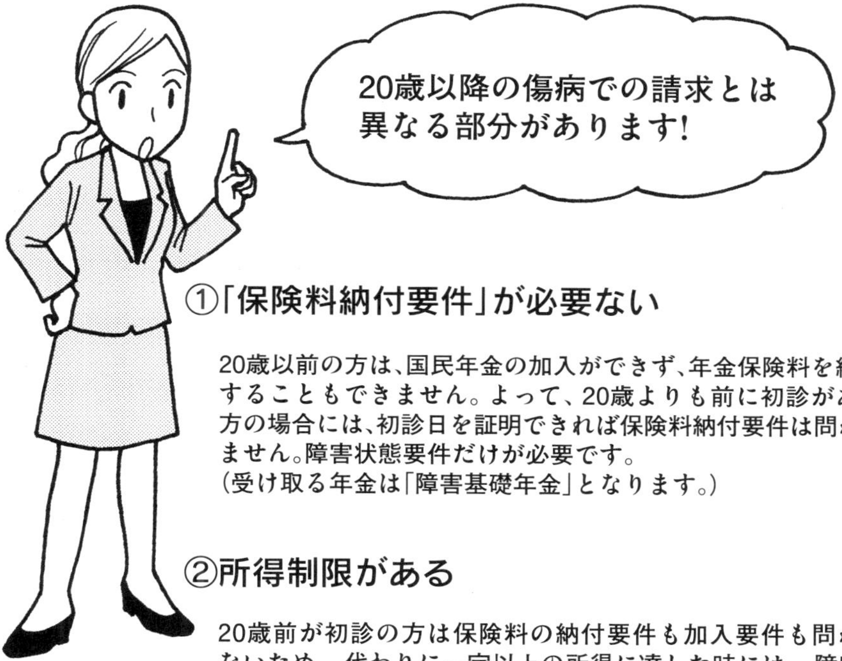
20歳以降の傷病での請求とは
異なる部分があります!

①「保険料納付要件」が必要ない

20歳以前の方は、国民年金の加入ができず、年金保険料を納付することもできません。よって、20歳よりも前に初診がある方の場合には、初診日を証明できれば保険料納付要件は問われません。障害状態要件だけが必要です。
（受け取る年金は「障害基礎年金」となります。）

②所得制限がある

20歳前が初診の方は保険料の納付要件も加入要件も問われないため、代わりに一定以上の所得に達した時には、障害年金が支給停止されます。

1人世帯（扶養親族なし）

所得額が約360万円を超える場合→年金額の2分の1が支給停止
所得額が約460万円を超える場合→全額支給停止

※世帯人数が増加した場合は、扶養家族1人につき所得制限に加算がつきます

③障害認定日と診断書

・20歳前障害の障害認定日は原則として20歳になった日です。例外として、20歳の誕生日時点で、初診日から1年6ヶ月が経過していない場合は、初診日から1年6ヶ月の時が障害認定日となります。
・診断書は障害認定日の**前後3ヶ月（合計6ヶ月）**以内のものが必要となります。
（20歳以降では認定日から3ヶ月以内）

コラム

知的障害・発達障害

働いたら年金は受けられない!?

知的障害・発達障害の方のご両親からの相談でよく聞くのは「親無き後の子供の心配」という言葉です。一人で生きていけるのか、お金のやりくりはできるのかと、ご両親の悩みは尽きません。「できることなら仕事をしながら、不足部分を障害年金で補って生きていってほしい」でも「働いたら障害年金は受けられないのではないか」という不安の声をもっとも多く聞きますので、この点についてお話しようと思います。

結論としては、就労しているからといって、必ず受給できないわけではありません。ただし、就労の状況次第では認められないケースもあります。では、どのような点がポイントなのでしょう。

障害認定基準にはこのように書かれています。

> 仕事の種類、内容、就労状況、仕事場で受けている援助の内容、他の従業員との意思疎通の状況等を十分確認したうえで日常生活能力を判断すること

具体的に説明しましょう。所定の診断書の中には「障害の状態　現症時の就労状況」「現症時の日常生活活動能力及び労働能力」という欄があり、医師から就労状況について確認されます。受給にあたっては、特に**「仕事場での援助の状況や意思疎通の状況」という記入欄が大切**になってきます。病歴就労状況等申立書の裏面の就労状況についても重要な判断材料の一つになります。ここに書かれている内容が、以下のような状況と判断されれば、就労が理由で不支給になる可能性がありますので、以下を参考にしてみてください。

■仕事の内容が単純ではなく、自分である程度臨機応変な業務ができる
■保護的環境でなくても遂行できる
■ストレスなどの影響が日常生活の質の著しい低下につながっていない
■管理・指導・配慮は必要ない
■一般企業に一般雇用で就労し、安定した仕事が支障なく行えている
■同僚との意思疎通に問題はない

実際の就労の現場で様々な支障が出ていたとしても、診断書や病歴就労状況等申立書に、それが書かれていなければ、認定医には伝わりません。つまり**「就労しているから認められない」のではなく、「就労上の支障が書面で認定医に伝わらない」状態ならば、一定以上の障害として認められない**のです。

ただし、不支給になる方の原因はそれだけではありません。厚生労働省から「障害状態認定調書（表）」を取り寄せたり、審査請求をすると、不支給の理由が明確になります。過去に知的障害の方の不支給理由として書かれていた例をご紹介します。

■日常生活能力の判定程度の点数が目安表にあてはまっていない
■IQ50以上であり、著しい不適応行動が見られない
■普通学級※しか行ったことがなく、ある程度の順応ができていた(特別支援教育を受けてこなかった)。高校卒業後、一般の大学や専門学校に進学できている
■一人暮らしが出来ている
■車の運転ができる
■他人との人間関係が良好・意思疎通ができる

以上のように、年金の受給にあたっては、就労の有無だけではなく、日常生活全体を通して審査をされます。特に不適応行動が具体的なエピソードとともに、診断書や病歴就労状況等申立書に記載されていることが大切です。障害年金の審査には対面審査はなく、すべて書類審査ですから、本人の支障が伝わらない場合、不支給になることがあるので、記載にあたっての一語一句が重要になってきます!

※知的障害を伴わない発達障害の場合、特別支援教育を受けていない、大学進学している、という方でも年金の受給は可能です。

糖尿病——初診日と合併症に注意！

どんな症状がありますか？
人工透析をしているのとときどき歩けないほど足がしびれます
人工透析療法は原則として２級に該当します
そうなんですか!?
人工透析の場合基準が明確なので比較的請求はしやすいんです
ただし、問題は初診日です
初診日は初めて糖尿病の治療を指示された日となるので注意が必要です
以前相談に来られた50代のBさんの例をお話しします
30代後半に中耳炎になり耳鼻科を受診たまたま受けた血液検査で――
血糖値が凄く高いので内科で治療を受けて下さい
え!? 糖尿病ですか!?

そして内科を受診し——
やはり糖尿病でした
治療が必要です
食事など生活習慣を改善していきましょう
糖尿病って…大丈夫なの!?
んー…でも別にどこか具合が悪いわけじゃないしな
自覚症状がなかったため積極的な治療はしませんでした
5年ほど経った頃ときどき目がかすむようになり…
疲れてるのかな…
目が見えにくくなり眼科を受診すると
だいぶ視力が低下していますね
目を大切に
糖尿病が原因です
このままだと失明するかもしれませんよ
思いがけない医師の言葉にBさんはとてもショックを受けました…
その後、視力の低下が進み——
仕事や生活に支障をきたすようになり
手術を受けました

※このケースは耳鼻科が初診日と認められましたが、異なるケースもあります

※前の疾病または負傷がなかったならば、後の疾病が起こらなかったであろうと認められる場合は、相当因果関係ありとみて、前後の傷病を同一傷病として取り扱います

やっぱりそこなのか…10年前じゃカルテはないかも…
原則的に健診日は初診日としないのですが…
健康診断結果
初診日のカルテがなく証明が取れない時などは本人の申し立てにより健診結果の数値によっては証拠として健診日を初診日とすることがあります
そうなんですね！
ほかにも初診日を証明する方法はいろいろありますので125ページを参考にしてください
また糖尿病では複数の合併症にかかっている場合がありますが
併せてより高い等級に認定される可能性があります
2級（人工透析）
視力低下
1級
Bさんはまず人工透析で2級に認定され、その後眼の障害と併せて額の改定請求をして1級になりました
そういうこともできるんですね…
ありがとうございました
私はまずカルテを確認してみます
お願いします！

額改定請求とは

障害年金の金額は、等級によって変わります。
もし同一の傷病に関して、現在受けている等級よりも障害が重くなった時は、額改定請求手続きをすることによって、認められた場合には金額が上がります。

1級の方は
最上位級なので
手続きしても
額は変更に
なりません

人工透析
2級
糖尿病
が進行
糖尿病性網膜症
で視力低下
額改定
請求
1級

①額改定できる時期

・更新の診断書（障害状態確認届）を提出するときに、一緒に額改定請求を提出することができます。
・原則は、前回の診査から１年以上経過しないと額改定請求ができません。
・65歳までに１度も２級以上になったことのない３級受給中の方は、65歳後は額改定請求ができません。

②提出書類

額改定請求書＋診断書

※別の病気が新たに発生して障害が重くなった場合には、新たな病気の請求手続きが必要です。
それぞれの病気が２級以上の場合には、併せて１級になります。

糖尿病では合併症による障害が多いので
診断書は症状に合ったものを使いましょう!

・糖尿病性網膜症──►眼の障害用の診断書
・糖尿病性壊疽──►肢体の障害用の診断書

※糖尿病性腎症で人工透析２級を受けている方が合併症の視力障害が悪化したため、額改定請求をするときには、腎疾患障害用の診断書の合併症欄に視力障害と記入するだけでは等級は上がりません。別途、視力障害用診断書の提出が必要です。

コラム

人工透析

初診日の証明が難しいが滞納がなければ日にちが特定できなくても認められます

人工透析を受けている方は障害年金2級と定められているため、透析を受けた時点で病院側から障害年金の請求手続きを進められることが他の疾病に比べて多いようです。ところが手続きを始めようと思った矢先、壁にぶつかることが往々にしてあります。

それは初診日時点のカルテが処分されているため、受診状況等証明書を初診の病院に書いてもらえないことが多いのです。次ページのグラフによると、人工透析者の半数近くが糖尿病性腎症が原因のため、糖尿病の方のケースを見てみましょう。

糖尿病治療の経過は、まず食事療法に始まり、薬物療法からインスリン治療となり、徐々に腎機能低下（糖尿病性腎症）を起こし、人工透析に至るというように、長時間の末に悪化するという経過をたどるのが一般的です。結果、糖尿病の初診日から数十年経っているという方がほとんどです。そうなると、初診時のカルテは処分されてしまい、受診状況等証明書を書いてもらえなくなるのです。

２０１５年10月、初診日の取り扱いが変わり救済措置が増えました(年管管発０９２８第6号の要約)。その改正の文書には、初診の病院にカルテが残っていない場合でも、それに代わるものを提出できれば認める、というくつかの方法が書かれています。例えば、初診の病院のカルテが無い場合、その後の転院先の病院のカルテ（今から5年以上前のものに限る）の中に初診の時期・状況が書かれていれば、その内容を認める、というものです。

具体例で見てみましょう。A病院にて初診（カルテなし）→B病院に転院→C病院に転院という場合、B病院とC病院に連絡をして、今から5年以上前のカル

透析導入患者の原疾患（2014年）

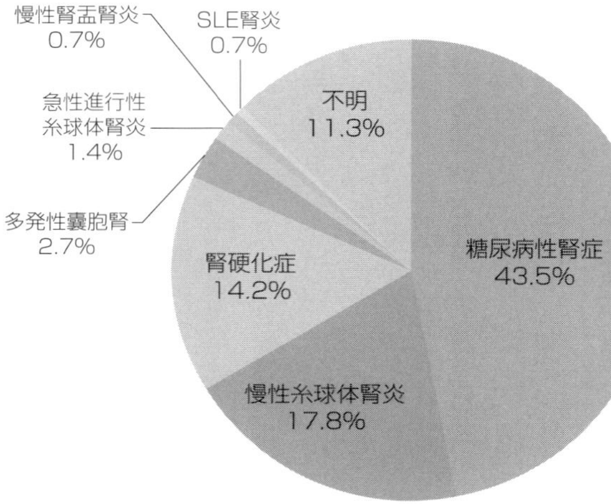

一般社団法人 日本透析医学会 統計調査委員会「図説 わが国の慢性透析療法の現況（2014年12月31日現在）」より作図

テのコピーがあれば入手します。その中にA病院の受診の時期・状況が書かれていれば、その部分のコピーを提出することによって、A病院の受診状況等証明書の代わりとして認められるのです。たとえ、A病院の初診時期が「○○年頃」というアバウトな情報であったとしても重要な証拠になります。

ただし、ここで大切なのは、「年金保険料を滞納していない」ことです。20歳以降しっかりと納期限までに納めるか、払えないなら免除・猶予申請をする——すなわち、どこにも滞納が無ければ、事後重症請求によって障害年金を受けることは可能なのです。「年金制度はあてにならないから払わなかった」などという理屈で、保険料を払っていなかったら門前払いです。

お互いに助け合う保険だからこそ、義務を果たさなければ権利も発生しないことを絶対にお忘れなく！

【患者・家族会】

■一般社団法人 全国腎臓病協議会
電話0120-088-393

脳血管障害——症状固定になる場合がある?

たとえば心臓ペースメーカーを入れた場合や――
人工関節を挿入した場合
くも膜下出血で失明に至った場合などが「症状固定」になります
つまり…1年6ヶ月待たなくても――
もう病状が変わらないと判断される場合ってことですか？
おおよそのイメージとしてはそうなります
「症状固定」で気をつけなければいけないのは…
症状固定は「治った状態」とされることです
えっ!? どうしてですか!?
失明したり歩けなくなったりするのは治っているとは言えないじゃないですか!?
普通はそう思いますよね
でも保険制度では「治る」「治らない」の概念が一般的な考え方とは違うんです

厚生労働省の基準には
このように書かれています
「傷病が治った場合」とは、器質的欠損もしくは変形又は機能障害を残している場合は、医学的に傷病が治った時、又はその症状が安定し長期にわたってその疾病の固定性が認められ、医療効果が期待し得ない状態に至った場合をいう。
？？
なんかややこしいけど…
つまり…
これ以上の治療効果が期待できない場合――
そこで固定した状態を「治った」と言うんです
請求書類で治ったかどうかを聞かれることがありますが…
現在傷病はなおっていますか
1.はい　2.いいえ
症状固定の場合「治った」に○をつけることになるので注意してください
なんだかヘンな感じですね
「治る」というと「良くなった！元気になった！」ってイメージなのに…
治ったー！
そうですよね
実際に症状固定で請求した例を見てみましょう

50代のNさん
父親の代から自宅で
理容室を営んでいました
父親が他界し
母親と2人暮らし
ある日自宅で
突然異変が——
なんだ…!?
歩けない…
動かそうと
しても足が
動かない…!
Nさんは自宅から
救急車を呼び
脳神経外科のあるA病院へ
MRI検査の
結果ですが
脳梗塞です
脳梗塞!?
点滴、服薬治療をしましたが
右手が完全に麻痺し
右足も麻痺しました
1ヶ月後
リハビリ病院に転院
右手が
動くように
なりたい…
治らないと
仕事が…

3ヶ月ほどリハビリと薬物療法を行いましたが右半身麻痺の後遺症が残りました
理容室
床屋は廃業かなぁ…
いいんだよ お前が生きてるだけでもうけもんだよ!
そうは言っても… 収入はおふくろの老齢年金の月6万程度…
これではとても生活できない…
その後、自宅療養をしながら月に1度、通院していましたが
右半身の麻痺は残り――
発症して6ヶ月が過ぎて医師から「症状固定」を診断されました
障害者手帳を取得する時に「6ヶ月で障害年金の請求ができるかもしれない」と聞き社労士に相談
そうですか… 仕事ができない状態で
ずっと国民年金で傷病手当金もない…と
可能ならなるべく早く請求したいということですね

通常は障害年金の請求は初診日から1年6ヶ月目の認定日を過ぎてからですが
現時点で初診日からまだ6ヶ月です
ですが——Nさんは症状固定と診断されていますので
症状固定の日を記載することで障害認定日としてすぐに請求できる可能性があります
2014.11
2015.5 症状固定
2016.5 通常の認定日
脳梗塞で症状固定日が認定日になるんですか？
そうよ！
脳血管障害の場合は6ヶ月以上経って医学的に「症状固定」とされて、それ以上の治療効果が見込めない場合はそこが認定日になる可能性があるの！
Nさん自宅
主治医の先生に手足の可動域などの明確な数値と症状固定日を記載していただく必要があります
それをふまえて診断書を書いてもらえれば現時点でも請求はできます
うまく説明できる自信がないので…
一緒に行ってもらえますか？
もちろんです！

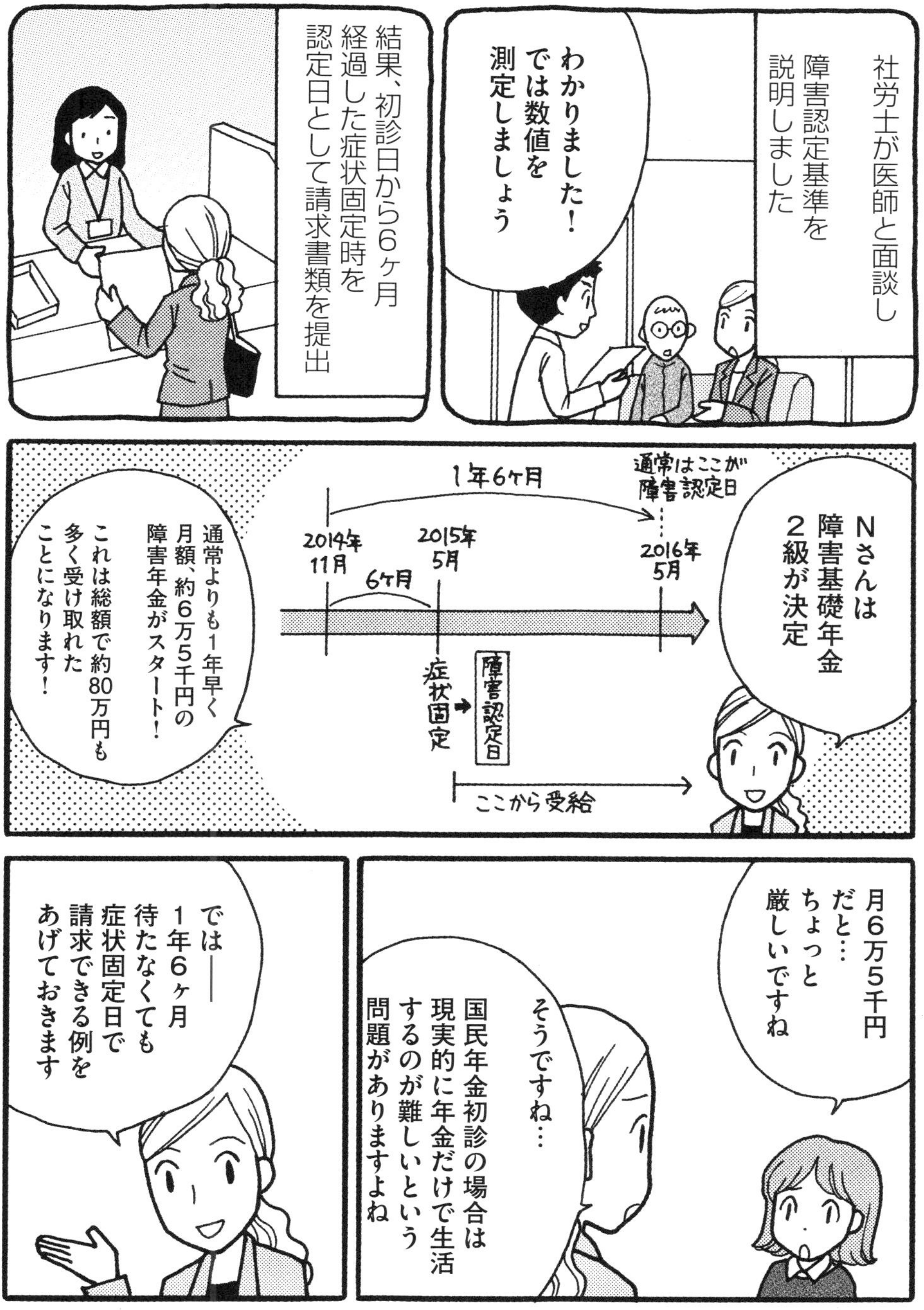
社労士が医師と面談し障害認定基準を説明しました
わかりました！では数値を測定しましょう
結果、初診日から6ヶ月経過した症状固定時を認定日として請求書類を提出
Nさんは障害基礎年金2級が決定
通常はここが障害認定日
1年6ヶ月
2014年11月
2015年5月
2016年5月
6ヶ月
症状固定
障害認定日
ここから受給
通常よりも1年早く月額、約6万5千円の障害年金がスタート！これは総額で約80万円も多く受け取れたことになります！
月6万5千円だと…ちょっと厳しいですね
そうですね…国民年金初診の場合は現実的に年金だけで生活するのが難しいという問題がありますよね
では――1年6ヶ月待たなくても症状固定日で請求できる例をあげておきます

初診日から1年6ヶ月経過しなくても「症状固定」として、請求ができる事例

障害	施術	障害認定日
聴覚系	喉頭全摘出	喉頭全摘出日
肢体	人工骨頭 人工関節を挿入置換	挿入置換日
	切断または離断による肢体の障害	切断または離断日(障害手当金は創面治癒日)
	脳血管障害による機能障害	初診日から6ヶ月を経過した以後
呼吸	在宅酸素療法	開始日(常時使用の場合)
循環器(心臓)	人工弁 心臓ペースメーカー 植え込み型除細動器(ICD)	装着日
	心臓移植、人工心臓、補助人工心臓	移植日または装着日
	CRT(心臓再同期医療機器) CRT-D(除細動器機能付き心臓再同期医療機器)	装着日
	胸部大動脈解離や胸部大動脈瘤により人工血管(ステントクラフトも含む)を挿入置換	挿入置換日
腎臓	人工透析療法	透析開始日から起算して3ヶ月経過した日
その他	人工肛門造設 尿路変更術 新膀胱造設	人工肛門造設、尿路変更術は行った日から6ヶ月を経過した日、新膀胱造設はその日
	遷延性植物状態 (遷延性意識障害)	その状態に至った日から起算して3ヶ月を経過した日以後

参考:日本年金機構給付企画部資料「国民年金障害基礎年金 受付・点検事務の手引き」

コラム

循環器疾患

働いていても受給できる方はいますが2級取得が非常に難しいのが現状です

循環器疾患（心臓の病気）で障害年金を受けている方のほとんどが3級といっても過言ではない実情があります。その多くがペースメーカーや人工弁置換術を受けている方です。この置換術を受けると、障害認定基準では障害厚生年金3級と決まっています。就労していてもこの等級は揺るぎません。

問題は、先天性の心疾患の方や初診日が国民年金の方の場合に、この3級という等級が無いことです。障害基礎年金2級にならないと受給ができないので、請求しても不支給になるケースが多く、苦しんでいる患者様に今まで多数お会いしました。私たちは何とかして年金を届けたいと必死で手続きをしてきましたが、なかなか2級が認められず、大変悔しい思いをすることが多い中、お届けできた事例をご紹介します。

【審査請求で2級が認められたケース】

発作性の心疾患の方で、いつ発作が起きるか分からないため一般就労できないという方がいらっしゃいました。通常の心電図では異常が確認できず、一度は不支給となりました。

そこで社労士が審査請求を行うことになりましたが、主治医の医学的所見が重要なポイントになりました。過去の発作の経過、発作が起きたらどうなるか、心電図では異常が確認できない理由、重症の頻脈であること、治療が行われなければどうなるか等、詳しい意見書を書いていただきました。さらに申立書を作成し、障害認定基準を満たしているという根拠を訴えました。命の危険と隣り合わせの毎日であるという現場の状況を必死で伝えた結果、1年かかって2級が認められました。

しかし、残念なことに、２０１８年１月、４９６人の循環器疾患の患者に対し、１年後に障害年金の支給停止を検討するという通知が送られました。支給停止の通知はすべての疾患合計で１０１０人に送られたので、その約半数が循環器疾患の患者宛てだったことが分かります。この通知はその後、撤回されましたが、具体的な数字が明らかになったことによって、障害年金が循環器疾患にいかに厳しい対応なのかが明らかになりました。

20歳前の障害による障害基礎年金受給者のうち1年後再審査とした1010人の内訳

合計	眼	聴覚他	肢体	精神	呼吸器	循環器	腎肝糖	その他
1010	24	39	101	0	29	496	91	230

厚労省発表（平成29年度　単位：人）

障害年金の審査の厳しさが地域によって違う「地域格差」が大問題になったことがありますが、審査の厳しさが病気によって違う「病気格差」も年金制度の中には厳然と存在していると感じます。必死で命と向き合いながら毎日を過ごされている循環器疾患の患者さんにも優しい年金であってほしいと切に願っています。

基準では次のように等級が決められていますので、障害年金の可能性を考えてみて下さい。

【３級に該当】※ただし、３級は「先天性」「初診日時点で国民年金に加入していた方」にはありません

□人工弁
□心臓ペースメーカー
□ＩＣＤ（植込み型除細動器）
□人工血管（ステントも含む）を挿入し、日常生活や就労に支障がある

【２級に該当】

□ＣＲＴ（心臓再同期医療機器）
□ＣＲＴ－Ｄ(除細動器機能付き心臓再同期医療機器)

【患者・家族会】

■一般社団法人 全国心臓病の子どもを守る会・心臓病者友の会（心友会）
電話 ０３－５９５８－８０７０

がん —— 受けられるのはどんな時?

ある時、職場の健康診断で——
えっ？ 肺に異常… 要精密検査？
今までこんなことなかったのに…
ここの部分です
肺がんと診断されました
まさか私ががんなんて…
約1ヶ月入院し切除手術を受けました
お母さん無理しないでしっかり治してよ！
ごめんね心配かけてパパ１人で大丈夫？
家のことは心配せずにゆっくりしなさい
治したい！
ちゃんと治療を受けよう…！
Kさんは休職して有給休暇終了後傷病手当金を受けることにし——
〇〇総合病院
通院しながら抗がん剤治療を受けました

4ヶ月後
短時間勤務で
職場に復帰――
抗がん剤治療は
続けていましたが
副作用がツラく…
口内炎
粘膜炎症
帯状疱疹
勤務中にも
休憩をとりながら
仕事を続けました
Kさん
大丈夫？
今日はもう
早退したら？
あとは任せて！
理解のある
職場で
良かった…
抗がん剤は
つらいけど
この仕事を
続けたい…！
手術して
1年半後
検査の結果――
再発・転移が
わかりました
えっ…
根治させ
ましょう！
はい！
今度はしっかり
治したいです

約2ヶ月入院
化学放射線治療を受けました
しかし副作用はいっそう激しくつらく…
脱毛
吐き気
粘膜炎症
こんな状態で職場復帰できるのかしら…
退院後時短勤務で復帰するものの——
副作用と闘いながらの勤務には限界が来ていました
家事もままならず娘がサポートに来ていました
ごめんね…明日も仕事で早いんでしょ？
大丈夫よお母さん！
家族と話し合い——
何よりも君の身体が大事だよ
Kさんは退職して治療に専念することにしました

※受け取り始めてから1年6ヶ月で終了します（途中復職した期間は受け取れません）

でも姉は国民年金なんですよね…
2級でないと受けられないわ
2級から3級の目安としては…
がんで使う「血液・造血器、その他の障害」の診断書を見てください
この⑫「一般状態区分表」のところ
⑫ 一般状態区分表 (平
(該当するものを選んでどれか一つを○で囲ん
ア 無症状で社会活動ができ、制限を受け
状があり、肉体労働は制限を受
い家事、事務など
ウ 歩行や身のまわりのこと
日中の50%以上は起居してい
エ 身のまわりのある程度のこ
自力では屋外への外出等が
オ 身のまわりのこともできす
活動の範囲がおおむねベッ
(エ)たとえば1人で外出できない・日中ほとんど横になっている・仕事はできない状態だとだいたい2級
(ウ)軽労働はできない等、労働に制限があって日中の半分くらい横になっていると3級
というのが目安です
毎日ずっと横になってるし1人では外出もできないわ
それなら2級の可能性がありますね
主治医の先生に訴えて詳しくふだんの状況を伝えてみてください
そうします…
少し希望がわいて来ました

白川先生！質問があります
その基準だとどんなにがんが進行しても可能な限り働いたら受けられないということになってしまいませんか？
そうですね そこががんの請求で難しいところなんです
診断書には病気の重さについて記入していただくと
・ステージ ・腫ようマーカー ・転移の有無 ・余命 など
それらも考慮されますが
⑫一般状態区分表 （平成 年 月 日）
（該当するものを選んでどれか一つを○で囲んでください。）
ア 無症状で社会活動ができ、制限を受けることなく、発病前と同等にふるまえるもの
イ 軽度の症状があり、肉体労働は制限を受けるが歩行、軽労働や座業はできるもの 例えば、軽い家事、事務など
ウ 歩行や身のまわりのことはできるが、時に少し介助が必要なこともあり、軽労働はできないが、日中の50％以上は起居しているもの
エ 身のまわりのある程度のことはできるが、しばしば介助が必要で、日中の50％以上は就床しており、自力では屋外への外出等がほぼ不可能となったもの
オ 身のまわりのこともできず、常に介助を必要とし、終日就床を強いられ、活動の範囲がおおむねベット周辺に限られるもの
ここの一般状態区分表で(ア)の状態だと無理ですし(イ)でも、かなり可能性は低いんです
たとえ余命宣告されていてもフルタイムで働けていると受給は難しくなります
そうなんですか!? ずいぶんと厳しいんですね…
ただ…

表面的にフルタイムで働けてはいても――
同僚の援助が必要だったり
軽易な職種を休みながらなんとかこなしていたり
家族が完全送迎していたり
裏に様々な事情が隠れている場合があります
診断書を書く医師はそこまでの状況を知らないことが多いので
そういった事情を詳しく説明して
それを加味した上で診断書を書いていただくとより可能性が高まります
なるほど…
現役世代の方々のがんは働き続けながら治療する場合が増えています
仕事と治療の両立という点は制度上の大きな課題だと思います
最後に補足しておきますと
骨肉腫や白血病などの〝がん〟と名のつかない〝がん〟――
これらも対象になるんですよ

コラム

難病

少人数だから、情報が伝わりにくい
100人いれば100通りの手続き

国が指定する難病は「治療法が確立していない」「少人数（人口の約0.1%程度）」という条件を満たしたものです。助成が受けられる指定難病は昨年の4月で331疾患となりました。「少人数」ということは、「同じ病気の患者仲間が近くにいない」状況になりがちです。これが長期化することによって様々な情報が伝わりにくく、あきらめ感や孤立につながることがあります。たとえばパーキンソン病など、歩行が難しくなった、手が震えるなど、目に見える症状が現れる病気の方は、周囲から教えてもらえる機会もあるため、比較的障害年金を請求されています。でも、難病は見た目では分からない場合もあり、請求手続きをしていない方が多く存在します。たとえば「1人での外出がほぼ不可能」「日中の半分以上横になっている」ような場合には受給できる可能性があります。

難病医療費助成制度と同様、障害年金も自分から手続きをしなければ始まりません。障害基礎年金2級の方が、ひと月手続きが遅れるたびに、本来毎月受け取れるはずの約6万5千円を受給できずに過ごすことになるのはとても残念です。認められるためには厳しい条件がありますが、まずは可能性を調べていただきたいと思います。ご本人は体調が悪いと調べる気力がないというケースが多いので、家族のフォローも大切です。たぶん無理だろう……という固定観念は持たずにやってみてください。

次の壁として立ちはだかるのが「障害の程度」を表す書面──「医師の診断書」と「本人の病歴就労状況等申立書」を作成しなければなりません。現在、指定難病は300を超えていますが、自分の病気の特質に合った診断書を、所定の8種類の診断書の中から選ばなければなりません。各難病に対する具体的な障害認定基準は原則、存在しません。使用する診断書の種類によって、疾患箇所別の障害認定基準に当てはめられ、等級が決定しますので、診断書の選択を間違うと適正な審査を受けることができないことになります。

次に、難病別によく使用する診断書の例をご紹介します。

■パーキンソン病・脊髄小脳変性症・関節リウマチ・ALS（筋萎縮性側索硬化症）・筋ジストロフィー・重症筋無力症・後縦靭帯骨化症↓肢体の障害用

■クローン病・全身性エリテマトーデス↓その他の障害用

■メニエール病↓平衡機能の障害用

■特発性間質性肺炎↓呼吸器疾患の障害用

全身性エリテマトーデスの方の場合には、診断書は原則「血液・造血器・その他の診断書」を使います。ところがこの患者に、ステロイド薬の副作用による骨頭壊死があり人工関節を入れた場合には、「肢体障害用」も使用します。「血液・造血器・その他の障害用」の診断書だけでは、人工関節による可動域制限や筋力低下の審査はされないのです。つまり、手続きは100人いれば100通りの方法があるということなのです。これが難しい!!

壁にぶつかったら、まずは身近で相談できる方に聞いてみてはいかがでしょうか。医師・看護師・ソーシャルワーカー・行政機関・友人・患者仲間・社会保険労務士など、勇気をもってSOSを出してみれば、自分の味方になってくれる方がいるかもしれません。大切なのは、1歩踏み出すことです。

【患者会・家族会】

■一般社団法人 全国パーキンソン病友の会
電話 03-6257-3994

■NPO法人 全国脊髄小脳変性症・多系統萎縮症友の会
電話 03-3949-4036

■公益社団法人 日本リウマチ友の会
電話 03-3258-6565

■一般社団法人 日本ALS協会
電話 03-3234-9155

おわりに ——

それでは最後になりましたが…
実際にご家族が障害年金を受けたという当事者のお話を聞いてください
中石くんお願いします
はい
こんにちは
白川さんと同じく社会保険労務士の中石航《わたる》です
僕の父も障害年金を受給した1人です
父は糖尿病でした
父は会社員で僕の下には妹がいました——

父は若い頃に糖尿病と診断され薬物療法を受けました
ずっと体調は良かったのですが
僕が中学生の時に糖尿病性腎症を発症して
人工透析を受けることになりました
慢性的な体調不良と週に3回の人工透析で
会社を続けられなくなり…
退職せざるを得ませんでした
収入は母のパート代しかなくなり、生活が苦しくなりました
ママ〜エアコンつけて〜〜
このおうちイヤ！前のおうちにもどりたい！
あつい〜
エアコンはないのよ！がまんしなさい
もうすぐ進路相談があるけど…
高校に行くお金なんてあるんだろうか…

そんな時障害年金のことを知り――
年金が受給できれば君のパート代でなんとか家族４人やっていけるかも…
請求してみましょう！
自分たちだけで請求しようと年金事務所へ行くものの――
年金事務所
初診日を証明する書類がないと無理です
たしかに受診したのに！
じゃあ、どうすればいいんですか！
初診日は25年前…
カルテがなくどうしようもありませんでした
どうしたらいいんだ…
この歳で正社員として雇ってくれる所なんてないわ…
進路指導
え!? 高校に行かない!?
そんな！どうして！
お金がないから…
妹もいるし…家族のために働くしかないと思います

それなら
なおのこと高校は
行かなきゃダメだ！
君は
成績も良いし
これから
いくらでも
未来がある
可能性を
捨てちゃ
ダメだ！
ご両親も
県立高校へ
行ってくれればと
言っていたよ
私も
できる限り
力になるから
はい…
僕は高校に
進学することに
なりましたが
合格発表
父の治療費も
かかり、家計は
ますます逼迫《ひっぱく》
していきました
高校進学が
決まったのはいいけど
制服が
買えない…
春休みから
アルバイト
探さなきゃ
ただいま…
あれ？
お母さん
今日パートは？
おかえり
航《わたる》！
今日は
休んだのよ

聞いて航！
お父さん障害年金2級の受給が決まったの！
障害年金!?
前に言ってた病気とかで受ける年金？
あれはダメだったんじゃ…
年金の専門家の社会保険労務士に依頼したのよ
望みは薄かったけど証拠をかき集めて初診日の証明をしてくださったの！
これでお父さんの治療費もちゃんと出せるし
私のパート代とでなんとかやっていけるわ！今まで心配かけたわね！
じ…じゃあ高校の制服…
家賃ちょっと待ってもらえば買えるから！大丈夫よ！
僕たち家族は障害年金に救われました――

決してぜいたくはできなかったけど
何とか生活していけるようになりました
僕は奨学金を受けて大学へ進学しました
あの時の社労士さんには感謝してもしきれません…
しかしその後父の体調が悪化——
白血病であることがわかり——
余命6ヶ月と宣告されました
余命宣告されてもずっと生きている人はいるわ…
お金があればきちんとした治療が受けられるのに…
障害年金は？人工透析と併せたら1級になるんじゃないの⁉
それがね…
障害認定日は初診日から1年6ヶ月経った日なのよ…
余命宣告されていようが1年6ヶ月待たなきゃ請求できないの

そんな…！
僕は自分で障害年金制度を徹底的に調べました
でも、現行法ではどうにもなりませんでした…
父は障害認定日を待たずに亡くなりました…
このように障害年金は制度に課題があることも確かです
実際に社労士になってから、なぜこの人が受給できないんだ…と悔しい思いもしてきました
でも
僕たち家族が障害年金によって救われたことは事実です
あの時に父が障害年金を受けていなかったら僕は今ここにはいなかったでしょう…

僕は困難を抱える多くの人たちに障害年金を受給してほしい
障害年金制度の問題点を少しでも解決していきたい
そんな思いで社労士として今ここにいます
僕の話はこれで終わります
パチ
パチ
パチ
パチ
パチ
パチ
中石くんありがとうございます
たしかに障害年金は制度上の問題点もあります
それでもやはり病気やけがでその後の人生を生き抜く岐路に立った時障害年金制度は大きな選択肢の1つなんです

※20歳前障害の人は保険料を納める必要はありません

あとがき

障害年金は現役世代の応援年金！

長い人生の途中には、色々な出来事が起こります。自分がガンになり治療が必要になったり、家族がうつ病や交通事故で働けなくなったり、産まれてきた子供に障害があったり……。このような出来事に、不安で押しつぶされそうになる日々が続くかもしれません。

精神的不安の次に押し寄せてくるのが、経済的負担です。65歳以上であれば、仕事ができなくなっても老齢年金が生活を支えてくれます。でも、現役世代にとって「病気で働けないのに、治療費を払うお金も生活費もない」という現実は、病気で辛い心をますます疲弊させていきます。本人が辛いだけでなく、家族間で「費用は誰が払うのか⁉」と揉める場面に直面して、負のスパイラルに入ってしまうケースも少なくありません。

そんな時に障害年金のことを思い出してほしいのです。

私達は元気な時には保険料を払って、年金受給者を支えています。だから、自分に元気が無くなった時には、今度は「支えられる側」になる頼もしい存在なのが年金制度なのです。しっかりと保険料を払ってきたのですから、要件を満たしていたらぜひ受けていただき、障害年金によって生活の基盤を整え、負のスパイラルのチェーンを切ってほしいのです。

一方で、障害年金は問題点が多い年金であることも事実ですが、厚生労働省は近年、その声を受け止めて、改善策を取るようになっています。

例えば、①初診日の証明ができない方の声を受けて、代わりの書類でも認めるという具体的な救済策が2015年10月に出されました。②各都道府県で行われていた審査は、地域によって結果に差があることを指摘され、2017年4月からは東京で一括審査が行われるようになりました。

私達はこれからも、多くの患者会や医療関係者の皆様と力を合わせていきたいと強く思っています。2011年には、出会った患者、家族会と社労士たちで『障害年金というヒント』『障害年金というチャンス』（共著、いずれも三五館）を作りましたが、そこから2人で様々なチャレンジを続けています。今回もひとりでも多くの人の悩みが軽減されるよう、難しい年金制度をマンガの魅力を使って限りなくやさしくお伝えしたいとの一念で、全編の構成から親しみやすいイラストまで青柳ちかさんにご尽力いただき、森美智代さんに編集を担当していただきました。本書の刊行により、再び大きな一歩を踏み出せたと心から感謝しています。

最後になりましたが、お読みいただいたみなさん、本当にありがとうございました。

これからも、障害年金が人生の応援年金になりますように……心から祈っています。

社会保険労務士　中川洋子

社会保険労務士　白石美佐子

㊖ 国民年金 厚生年金保険 **診　断　書**（精神の障害用）　様式第120号の4

（フリガナ） 氏　名	きょうこさん	生年月日	☐昭和 ☑平成　3 年 ○ 月 ○ 日生（　歳）	性別	☐男・☑女
住　所	住所地の郵便番号　－	都道府県	郡市区		

① **障害の原因となった傷病名**	うつ病 ICD－10コード（　F32　）	② 傷病の発生年月日	☐昭和 ☑平成 27 年 7 月 頃 日 ☐診療録で確認 ☑本人の申立て（H30 年 4 月 12 日）	本人の発病時の職業	会社員　営業担当
		③ ①のため初めて医師の診療を受けた日	☐昭和 ☑平成 27 年 10 月 4 日 ☐診療録で確認 ☑本人の申立て（H30 年 4 月 12 日）	④ 既存障害	なし
⑥傷病が治った（症状が固定した状態を含む。）かどうか。	平成　年　月　日 ☐確認 ☑推定	症状のよくなる見込・・・☑有・☐無・☑不明		⑤ 既往症	なし

⑦ 発病から現在までの病歴及び治療の経過、内容、就学・就労状況等、期間、その他参考となる事項

陳述者の氏名　きょうこさん※　請求人との続柄　本人　聴取年月日　H30 年 8 月 17 日

大学卒業後、一般企業に就職し、営業職を担当していた。当初は、仕事にやりがいを感じ、会社からも期待されて、順調に業務を遂行していた。新規事業の立ち上げを機に、長時間労働が続き、過労と人間関係のストレスで眠れなくなった。同僚の勧めにより、平成27年10月4日○○メンタルクリニックを受診した所、不眠症・抑うつ状態と診断された。薬物療法を続けながら仕事を続けていたが、症状が悪化し、うつ病と診断された。平成28年4月から休職せざるを得なくなった。自宅療養をしながら、通院を続けたが症状の改善がみられず、平成28年10月退職となった。当時の主治医との信頼関係が築けなかったため、平成30年4月12日当院に転院となった。

⑧ 診断書作成医療機関における初診時所見
初診年月日　☐昭和 ☑平成 30 年 4 月 12 日

母に付き添われ受診。表情が乏しく、言葉は最小限に留まる。全体的な症状としては、思考抑制、憂うつ感、不眠、易疲労感を認める。生活のために自分が働かなければならない気持ちがあるものの、出来ない自分を責める気持ちが強く、涙をこぼす場面が見られた。

⑨ これまでの発育・養育歴等（出生から発育の状況や教育歴及びこれまでの職歴をできるだけ詳しく記入してください。）

ア 発育・養育歴	イ 教育歴	ウ 職歴
特記事項なし	乳児期 ☐不就学・☐就学猶予 小学校（☑普通学級・☐特別支援学級・☐特別支援学校） 中学校（☑普通学級・☐特別支援学級・☐特別支援学校） 高　校（☑普通学級・☐特別支援学校・　） その他　4年制大学卒業	営業職1年

エ 治療歴（書ききれない場合は⑬「備考」欄に記入してください。）（※ 同一医療機関の入院・外来は分けて記入してください。）

医療機関名	治療期間	入院・外来	病名	主な療法	転帰（軽快・悪化・不変）
○○メンタルクリニック	H27 年 10 月 ～ H28 年 4 月	☐入院・☑外来	不眠症、うつ病	薬物療法	悪化
○○心療内科	H28 年 4 月 ～ H30 年 4 月	☐入院・☑外来	うつ病	薬物療法	不変
△△メンタルクリニック	H30 年 4 月 ～ 現在 年 月	☐入院・☑外来	うつ病	薬物療法	不変
	年 月 ～ 年 月	☐入院・☐外来			
	年 月 ～ 年 月	☐入院・☐外来			

⑩ **障　害　の　状　態**　（平成 31 年 2 月 14 日 現症）

ア 現在の病状又は状態像（該当のローマ数字、英数字にチェックしてください。）

前回の診断書の記載時との比較（前回の診断書を作成している場合は記入してください。）
☐1 変化なし　☐2 改善している　☐3 悪化している　☐4 不明

Ⅰ 抑うつ状態
☑1 思考・運動制止　☐2 刺激性、興奮　☑3 憂うつ気分
☐4 自殺企図　☑5 希死念慮
☑6 その他（意欲低下・失感情・易疲労感・自責感　）

Ⅱ そう状態
☐1 行為心迫　☐2 多弁・多動　☐3 気分（感情）の異常な高揚・刺激性
☐4 観念奔逸　☐5 易怒性・被刺激性亢進　☐6 誇大妄想
☐7 その他（　）

Ⅲ 幻覚妄想状態 等
☐1 幻覚　☐2 妄想　☐3 させられ体験　☐4 思考形式の障害
☐5 著しい奇異な行為　☐6 その他（　）

Ⅳ 精神運動興奮状態及び昏迷の状態
☐1 興奮　☐2 昏迷　☐3 拒絶・拒食　☐4 滅裂思考
☐5 衝動行為　☐6 自傷　☐7 無動・無反応
☐8 その他（　）

Ⅴ 統合失調症等残遺状態
☐1 自閉　☐2 感情の平板化　☐3 意欲の減退
☐4 その他（　）

Ⅵ 意識障害・てんかん
☐1 意識混濁　☐2（夜間）せん妄　☐3 もうろう　☐4 錯乱
☐5 てんかん発作　☐6 不機嫌症　☐7 その他（　）
・てんかん発作の状態　※発作のタイプは記入上の注意参照
1 てんかん発作のタイプ（☐A・☐B・☐C・☐D）
2 てんかん発作の頻度（年間　回、月平均　回、週平均　回 程度）

Ⅶ 知能障害等
☐1 知的障害　☐ア 軽度　☐イ 中等度　☐ウ 重度　☐エ 最重度
☐2 認知症　☐ア 軽度　☐イ 中等度　☐ウ 重度　☐エ 最重度
☐3 高次脳機能障害
☐ア 失行　☐イ 失認
☐ウ 記憶障害　☐エ 注意障害　☐オ 遂行機能障害　☐カ 社会的行動障害
☐4 学習障害　☐ア 読み　☐イ 書き　☐ウ 計算　☐エ その他（　）
☐5 その他（　）

Ⅷ 発達障害関連症状
☐1 相互的な社会関係の質的障害　☐2 言語コミュニケーションの障害
☐3 限定した常同的で反復的な関心と行動　☐4 その他（　）

Ⅸ 人格変化
☐1 欠陥状態　☐2 無関心　☐3 無為
☐4 その他症状等（　）

Ⅹ 乱用、依存等（薬物等名：　）
☐1 乱用　☐2 依存

Ⅺ その他〔　〕

イ 左記の状態について、その程度・症状・処方薬等を具体的に記載してください。

現在は意欲低下・失感情・易疲労性がみられており、自宅にひきこもった生活となっている。自室からも、排泄等の必要最低限の生活目的以外はほとんど出てこない。終日臥床がちに過ごしている。生活のために、自分が働かなければならない思いが強いものの、在職時の強度のストレスがトラウマとなり、仕事の事を考えると恐怖を感じる。仕事ができない自分を責め、希死念慮を生じることもある。○○錠などの処方を続けているが、症状の改善は今のところ確認できない。

本人の障害の程度及び状態に無関係な欄には記入する必要はありません。（無関係な欄は、斜線により抹消してください。）

「診療録で確認」または「本人の申立て」のどちらかにチェックをして、本人の申立ての場合は、それを聴取した年月日を記入してください。

（お願い）臨床所見等は、診療録に基づいてわかる範囲で記入してください。

（お願い）太文字の欄は、記入漏れがないように記入してください。

ウ 日常生活状況
1 家庭及び社会生活についての具体的な状況
(ア) 現在の生活環境(該当するもの一つを選んでチェックしてください。)
□入院・□入所・☑在宅・□その他( )
(施設名)
同居者の有無 (☑有・□無)

(イ) 全般的状況(家族及び家族以外の者との対人関係についても具体的に記入してください。)
[同居の母とは最低限の会話のみ。毎日閉居しており、他人との交流はない。]

2 日常生活能力の判定(該当するものにチェックしてください。)
(判断にあたっては、単身で生活するとしたら可能かどうかで判断してください。)

(1) 適切な食事 — 配膳などの準備も含めて適当量をバランスよく摂ることがほぼできるなど。
□できる □自発的にできるが時には助言や指導を必要とする ☑自発的かつ適正に行うことはできないが助言や指導があればできる □助言や指導をしてもできない若しくは行わない

(2) 身辺の清潔保持 — 洗面、洗髪、入浴等の身体の衛生保持や着替え等ができる。また、自室の清掃や片付けができるなど。
□できる □自発的にできるが時には助言や指導を必要とする ☑自発的かつ適正に行うことはできないが助言や指導があればできる □助言や指導をしてもできない若しくは行わない

(3) 金銭管理と買い物 — 金銭を独力で適切に管理し、やりくりがほぼできる。また、一人で買い物が可能であり、計画的な買い物がほぼできるなど。
□できる □おおむねできるが時には助言や指導を必要とする ☑助言や指導があればできる □助言や指導をしてもできない若しくは行わない

(4) 通院と服薬(☑要・□不要) — 規則的に通院や服薬を行い、病状等を主治医に伝えることができるなど。
□できる □おおむねできるが時には助言や指導を必要とする ☑助言や指導があればできる □助言や指導をしてもできない若しくは行わない

(5) 他人との意思伝達及び対人関係 — 他人の話を聞く、自分の意思を相手に伝える、集団的行動が行えるなど。
□できる □おおむねできるが時には助言や指導を必要とする □助言や指導があればできる ☑助言や指導をしてもできない若しくは行わない

(6) 身辺の安全保持及び危機対応 — 事故等の危険から身を守る能力がある、通常と異なる事態となった時に他人に援助を求めるなどを含めて、適正に対応することができるなど。
□できる □おおむねできるが時には助言や指導を必要とする ☑助言や指導があればできる □助言や指導をしてもできない若しくは行わない

(7) 社会性 — 銀行での金銭の出し入れや公共施設等の利用が一人で可能。また、社会生活に必要な手続きが行えるなど。
□できる □おおむねできるが時には助言や指導を必要とする □助言や指導があればできる ☑助言や指導をしてもできない若しくは行わない

3 日常生活能力の程度(該当するもの一つにチェックしてください。)
※日常生活能力の程度を記載する際には、状態をもっとも適切に記載できる(精神障害)又は(知的障害)のどちらかを使用してください。

(精神障害)
□ (1) 精神障害(病的体験・残遺症状・認知障害・性格変化等)を認めるが、社会生活は普通にできる。

□ (2) 精神障害を認め、家庭内での日常生活は普通にできるが、社会生活には、援助が必要である。
(たとえば、日常的な家事をこなすことはできるが、状況や手順が変化したりすると困難を生じることがある。社会行動や自発的な行動が適切に出来ないこともある。金銭管理はおおむねできる場合など。)

□ (3) 精神障害を認め、家庭内での単純な日常生活はできるが、時に応じて援助が必要である。
(たとえば、習慣化した外出はできるが、家事をこなすために助言や指導を必要とする。社会的な対人交流は乏しく、自発的な行動に困難がある。金銭管理が困難な場合など。)

☑ (4) 精神障害を認め、日常生活における身のまわりのことも、多くの援助が必要である。
(たとえば、著しく適正を欠く行動が見受けられる。自発的な発言が少ない、あっても発言内容が不適切であったり不明瞭であったりする。金銭管理ができない場合など。)

□ (5) 精神障害を認め、身のまわりのこともほとんどできないため、常時の援助が必要である。
(たとえば、家庭内生活においても、食事や身のまわりのことを自発的にすることができない。また、在宅の場合に通院等の外出には、付き添いが必要な場合など。)

(知的障害)
□ (1) 知的障害を認めるが、社会生活は普通にできる。

□ (2) 知的障害を認め、家庭内での日常生活は普通にできるが、社会生活には、援助が必要である。
(たとえば、簡単な漢字は読み書きができ、会話も意思の疎通が可能であるが、抽象的なことは難しい。身辺生活も一人でできる程度)

□ (3) 知的障害を認め、家庭内での単純な日常生活はできるが、時に応じて援助が必要である。
(たとえば、ごく簡単な読み書きや計算はでき、助言などがあれば作業は可能である。具体的指示であれば理解ができ、身辺生活についてもおおむね一人でできる程度)

□ (4) 知的障害を認め、日常生活における身のまわりのことも、多くの援助が必要である。
(たとえば、簡単な文字や数字は理解でき、保護的環境であれば単純作業は可能である。習慣化していることであれば言葉での指示を理解し、身辺生活についても部分的にできる程度)

□ (5) 知的障害を認め、身のまわりのこともほとんどできないため、常時の援助が必要である。
(たとえば、文字や数の理解力がほとんど無く、簡単な手伝いもできない。言葉による意思の疎通がほとんど不可能であり、身辺生活の処理も一人ではできない程度)

エ 現症時の就労状況
○ 勤務先 □一般企業 □就労支援施設 ☑その他(就労していない)
○ 雇用体系 □障害者雇用 □一般雇用 □自営 □その他( )
○ 勤続年数 (年 ヶ月) ○ 仕事の頻度 (□週に □月に ( )日)
○ ひと月の給与 (円程度)
○ 仕事の内容

○ 仕事場での援助の状況や意思疎通の状況

オ 身体所見(神経学的な所見を含む。)

特になし

カ 臨床検査(心理テスト・認知検査、知能障害の場合は、知能指数、精神年齢を含む。)

特になし

キ 福祉サービスの利用状況(障害者自立支援法に規定する自立訓練、共同生活援助、共同生活介護、在宅介護、その他障害福祉サービス等)

特になし

⑪ 現症時の日常生活活動能力及び労働能力(必ず記入してください。)	労務不能。ほぼ毎日閉居しており、他人との交流はない。日常生活には著しい支障があり、同居の母の全面的な援助が必要。
⑫ 予後(必ず記入してください。)	不明
⑬ 備考	

上記のとおり、診断します。 平成 ○ 年 ○ 月 ○ 日

病院又は診療所の名称 △△メンタルクリニック 診療担当科名 心療内科

所在地 ○○○○ 医師氏名 ○○○○ 印

年金等の請求用

障害年金等の請求を行うとき、その障害の原因又は誘因となった傷病で初めて受診した医療機関の初診日を明らかにすることが必要です。そのために使用する証明書です。

受 診 状 況 等 証 明 書

① 氏　　　名 ＿＿＿＿＿＿＿＿＿＿

② 傷　病　名 ＿＿＿＿＿＿＿＿＿＿

③ 発 病 年 月 日　昭和・平成　　年　　月　　日

④ 傷病の原因又は誘因 ＿＿＿＿＿＿＿＿＿＿

⑤ 発病から初診までの経過

前医からの紹介状はありますか。⇒　有　　無　（有の場合はコピーの添付をお願いします。）

※診療録に前医受診の記載がある場合
右の該当する番号に○印をつけてください
1　初診時の診療録より記載したものです。
2　昭和・平成　　年　　月　　日の診療録より記載したものです。

⑥ 初 診 年 月 日　昭和・平成　　年　　月　　日

⑦ 終 診 年 月 日　昭和・平成　　年　　月　　日

⑧ 終診時の転帰（ 治癒・転医・中止 ）

⑨ 初診から終診までの治療内容及び経過の概要

⑩ 次の該当する番号（１～４）に○印をつけてください。

複数に○をつけた場合は、それぞれに基づく記載内容の範囲がわかるように余白に記載してください。

上記の記載は　1　診療録より記載したものです。
2　受診受付簿、入院記録より記載したものです。
3　その他（　　　　　　　　　）より記載したものです。
4　昭和・平成　　年　　月　　日の本人の申し立てによるものです。

⑪ 平成　　年　　月　　日

医療機関名　　　　　　　　診療担当科名

所　在　地　　　　　　　　医師氏名　　　　印

（提出先）日本年金機構

（裏面もご覧ください。）

年金等の請求用

受診状況等証明書が添付できない申立書

傷　　病　　名 ＿＿＿＿＿＿＿＿＿＿＿＿＿＿＿＿

医 療 機 関 名 ＿＿＿＿＿＿＿＿＿＿＿＿＿＿＿＿

医療機関の所在地 ＿＿＿＿＿＿＿＿＿＿＿＿＿＿＿＿

受　診　期　間　昭和・平成　　年　　月　　日 ～ 昭和・平成　　年　　月　　日

上記医療機関の受診状況等証明書が添付できない理由をどのように確認しましたか。
次の＜添付できない理由＞と＜確認方法＞の該当する□に✓をつけ、＜確認年月日＞に確認した日付を記入してください。
その他の□に✓をつけた場合は、具体的な添付できない理由や確認方法も記入してください。

＜添付できない理由＞　　＜確認年月日＞　平成　　年　　月　　日

□ カルテ等の診療録が残っていないため

□ 廃業しているため

□ その他 ＿＿＿＿＿＿＿＿＿＿＿＿

＜確認方法＞　□ 電話　□ 訪問　□ その他（　　　　　　）

上記医療機関の受診状況などが確認できる参考資料をお持ちですか。
お持ちの場合は、次の該当するものすべての□に✓をつけて、そのコピーを添付してください。
お持ちでない場合は、「添付できる参考資料は何もない」の□に✓をつけてください。

□ 身体障害者手帳・療育手帳・精神障害者保健福祉手帳

□ 身体障害者手帳等の申請時の診断書

□ 生命保険・損害保険・労災保険の給付申請時の診断書

□ 事業所等の健康診断の記録

□ 母子健康手帳

□ 健康保険の給付記録（レセプトも含む）

□ お薬手帳・糖尿病手帳・領収書・診察券
（可能な限り診察日や診療科が分かるもの）

□ 小学校・中学校等の健康診断の記録や成績通知表

□ 盲学校・ろう学校の在学証明・卒業証書

□ 第三者証明

□ その他（　　　　　　）

□ 添付できる参考資料は何もない

上記のとおり相違ないことを申し立てます。

平成　　年　　月　　日

請　求　者　住　所 ＿＿＿＿＿＿＿＿＿＿＿＿
　　　　　　氏　名 ＿＿＿＿＿＿＿＿＿＿ 印　※本人自らが署名する場合押印は不要です。

代筆者氏名 ＿＿＿＿＿＿＿＿　請求者との続柄 ＿＿＿＿＿＿

（提出先）日本年金機構　　　　（裏面もご覧ください。）

病歴・就労状況等申立書

No.　　－　　枚中

（請求する病気やけがが複数ある場合は、それぞれ用紙を分けて記入してください。）

病歴状況	傷病名		
発病日	昭和・平成　年　月　日	初診日	昭和・平成　年　月　日

記入する前にお読みください。

○ 次の欄には障害の原因となった病気やけがについて、発病したときから現在までの経過を年月順に期間をあけずに記入してください。

○ 受診していた期間は、通院期間、受診回数、入院期間、治療経過、医師から指示された事項、転医・受診中止の理由、日常生活状況、就労状況などを記入してください。

○ 受診していなかった期間は、その理由、自覚症状の程度、日常生活状況、就労状況などについて具体的に記入してください。

○ 健康診断などで障害の原因となった病気やけがについて指摘されたことも記入してください。

○ 同一の医療機関を長期間受診していた場合、医療機関を長期間受診していなかった場合、発病から初診までが長期間の場合は、その期間を３年から５年ごとに区切って記入してください。

1	昭和・平成　年　月　日から 昭和・平成　年　月　日まで 受診した　・　受診していない 医療機関名	発病したときの状態と発病から初診までの間の状況（先天性疾患は出生時から初診まで）
2	昭和・平成　年　月　日から 昭和・平成　年　月　日まで 受診した　・　受診していない 医療機関名	左の期間の状況
3	昭和・平成　年　月　日から 昭和・平成　年　月　日まで 受診した　・　受診していない 医療機関名	左の期間の状況
4	昭和・平成　年　月　日から 昭和・平成　年　月　日まで 受診した　・　受診していない 医療機関名	左の期間の状況
5	昭和・平成　年　月　日から 昭和・平成　年　月　日まで 受診した　・　受診していない 医療機関名	左の期間の状況

※裏面も記入してください。

就労・日常生活状況	1．障害認定日（初診日から1年6月目または、それ以前に治った場合は治った日）頃と 2．現在（請求日頃）の就労・日常生活状況等について該当する太枠内に記入してください。

1．障害認定日（昭和・平成　　年　　月　　日）頃の状況を記入してください。

就労状況	就労していた場合	職種（仕事の内容）を記入してください。	
		通勤方法を記入してください。	通勤方法 通勤時間（片道）　　時間　　分
		出勤日数を記入してください。	障害認定日の前月　　日　障害認定日の前々月　　日
		仕事中や仕事が終わった時の身体の調子について記入してください。	
	就労していなかった場合	仕事をしていなかった（休職していた）理由をすべて○で囲んでください。 なお、オを選んだ場合は、具体的な理由を（　）内に記入してください。	ア　体力に自信がなかったから イ　医師から働くことを止められていたから ウ　働く意欲がなかったから エ　働きたかったが適切な職場がなかったから オ　その他（理由　　　　　）
日常生活状況	日常生活の制限について、該当する番号を○で囲んでください。 1→自発的にできた 2→自発的にできたが援助が必要だった 3→自発的にできないが援助があればできた 4→できなかった		着替え（1・2・3・4）　洗　面（1・2・3・4） トイレ（1・2・3・4）　入　浴（1・2・3・4） 食　事（1・2・3・4）　散　歩（1・2・3・4） 炊　事（1・2・3・4）　洗　濯（1・2・3・4） 掃　除（1・2・3・4）　買　物（1・2・3・4）
	その他日常生活で不便に感じたことがありましたら記入してください。		

2．現在（請求日頃）の状況を記入してください。

就労状況	就労している場合	職種（仕事の内容）を記入してください。	
		通勤方法を記入してください。	通勤方法 通勤時間（片道）　　時間　　分
		出勤日数を記入してください。	請求日の前月　　日　請求日の前々月　　日
		仕事中や仕事が終わった時の身体の調子について記入してください。	
	就労していない場合	仕事をしていない（休職している）理由をすべて○で囲んでください。 なお、オを選んだ場合は、具体的な理由を（　）内に記入してください。	ア　体力に自信がないから イ　医師から働くことを止められているから ウ　働く意欲がないから エ　働きたいが適切な職場がないから オ　その他（理由　　　　　）
日常生活状況	日常生活の制限について、該当する番号を○で囲んでください。 1→自発的にできる 2→自発的にできるが援助が必要である 3→自発的にできないが援助があればできる 4→できない		着替え（1・2・3・4）　洗　面（1・2・3・4） トイレ（1・2・3・4）　入　浴（1・2・3・4） 食　事（1・2・3・4）　散　歩（1・2・3・4） 炊　事（1・2・3・4）　洗　濯（1・2・3・4） 掃　除（1・2・3・4）　買　物（1・2・3・4）
	その他日常生活で不便に感じていることがありましたら記入してください。		
障害者手帳	障害者手帳の交付を受けていますか。		1　受けている　2　受けていない　3　申請中
	交付されている障害者手帳の交付年月日、等級、障害名を記入してください。 その他の手帳の場合は、その名称を（　）内に記入してください。 ※略字の意味 身→身体障害者手帳　療→療育手帳 精→精神障害者保健福祉手帳　他→その他の手帳		①　身・精・療・他（　　　） 昭和・平成　年　月　日　（　　級） 障害名（　　　） ②　身・精・療・他（　　　） 昭和・平成　年　月　日　（　　級） 障害名（　　　）

上記のとおり相違ないことを申し立てます。　※請求者本人が署名する場合、押印は不要です。

平成　　年　　月　　日　　請求者　現住所

代筆者　氏　名　　　　　　氏　名　　　　㊞

請求者からみた続柄（　　　）　電話番号　－　－

初診日に関する第三者からの申立書（第三者証明）

私（申立者）は、障害年金の請求者＿＿＿＿＿＿＿＿＿＿＿＿の初診日頃の受診状況などを知っていますので、以下申し立てます。

知ったきっかけ

私（申立者）が申し立てる請求者の受診状況などは、

1．直接見て知りました。

2．請求者や請求者の家族などから聞いて知りました。
なお、聞いた時期は（昭和・平成　年　月　日）（頃）です。

請求者との関係

見た（聞いた）当時の関係：＿＿＿＿＿＿＿＿　現在の関係：＿＿＿＿＿＿＿＿

○傷病名：＿＿＿＿＿＿＿＿　○初診日：昭和・平成　年　月　日（頃）

○医療機関名・診療科：＿＿＿＿＿＿＿＿　○所在地：＿＿＿＿＿＿＿＿

申立者が知っている当時の状況等

※記入いただく内容は、別紙「初診日に関する第三者からの申立書（第三者証明）を記入される方へ」の「裏面」をご覧ください。
申立者が見たり聞いたりした当時に知った内容のみを記入してください。記入できない項目があっても構いません。

【申立日】平成　年　月　日

<申立者>

住　所：〒

連絡先：　（　）　氏　名：　㊞

※ 訂正する場合は、二重線で消した上で訂正印を押印してください。

※ 後日、申立者あてに申立内容の確認をさせていただく場合がございます。平日日中でもご連絡が可能な電話番号を記入してください。

※ ご記入いただいた個人情報は、独立行政法人等の保有する個人情報の保護に関する法律に基づき適切に取り扱われます。

201510

青柳ちか（あおやぎ・ちか）

マンガ家・イラストレーター。少女マンガ誌を経て、現在は主にコミックエッセイを手がける。著書に、自身の体験を描いた『こんなワタシが「お母さん」!? ～うつ＆パニック障害といっしょ。』（イースト・プレス）、マンガを担当した『日本のことは、マンガとゲームで学びました。』（ベンジャミン・ボアズ原作／小学館）、『産後が始まった!』（渡辺大地著／KADOKAWA）などがある。

中川洋子（なかがわ・ようこ）

社会保険労務士。全国どこからでも対応することをモットーに、障害年金の手続き代理人、障害年金セミナー講師を行っている。前職はキャビンアテンダントで、明るい接遇力に顧客からは「一緒にいると元気が出る!」と定評がある。

●**年金サポートなかがわ事務所**

〒703-8256 岡山県岡山市中区浜604-3 トラストビル401号

白石美佐子（しらいし・みさこ）

社会保険労務士。NPO法人 愛知県精神障害者家族会連合会 顧問、総務省 年金記録確認愛知地方第三者委員会等の経験を活かし、障害年金の手続きを専門とする。セミナー講師としても活躍。親しみやすい人柄から、全国に多くのファンをもつ。

●**白石社会保険労務士事務所**

〒446-0059 愛知県安城市三河安城本町2-1-10 カガヤキスクエア605号

※中川・白石社労士への相談は右記のQRコードの専用フォームからお申し込みください

マンガでわかる!障《しょう》害《がい》年《ねん》金《きん》

2019年 3 月20日　第 1 版第 1 刷発行

構成・マンガ……青柳ちか
監修・コラム……中川洋子・白石美佐子

発　行　所……株式会社 日本評論社
〒170-8474 東京都豊島区南大塚3-12-4
電話 03-3987-8621（販売）-8595（編集）

印　　　刷……豊国印刷株式会社
製　　　本……株式会社難波製本

ISBN978-4-535-58739-7 Printed in Japan

装丁・本文レイアウト……テラカワ アキヒロ（Design Office TERRA）